Andrés Echevarría Callava

Niño Rivera

Cuerdas de Oro

El Niño con su tres

Rosa Marquetti Torres

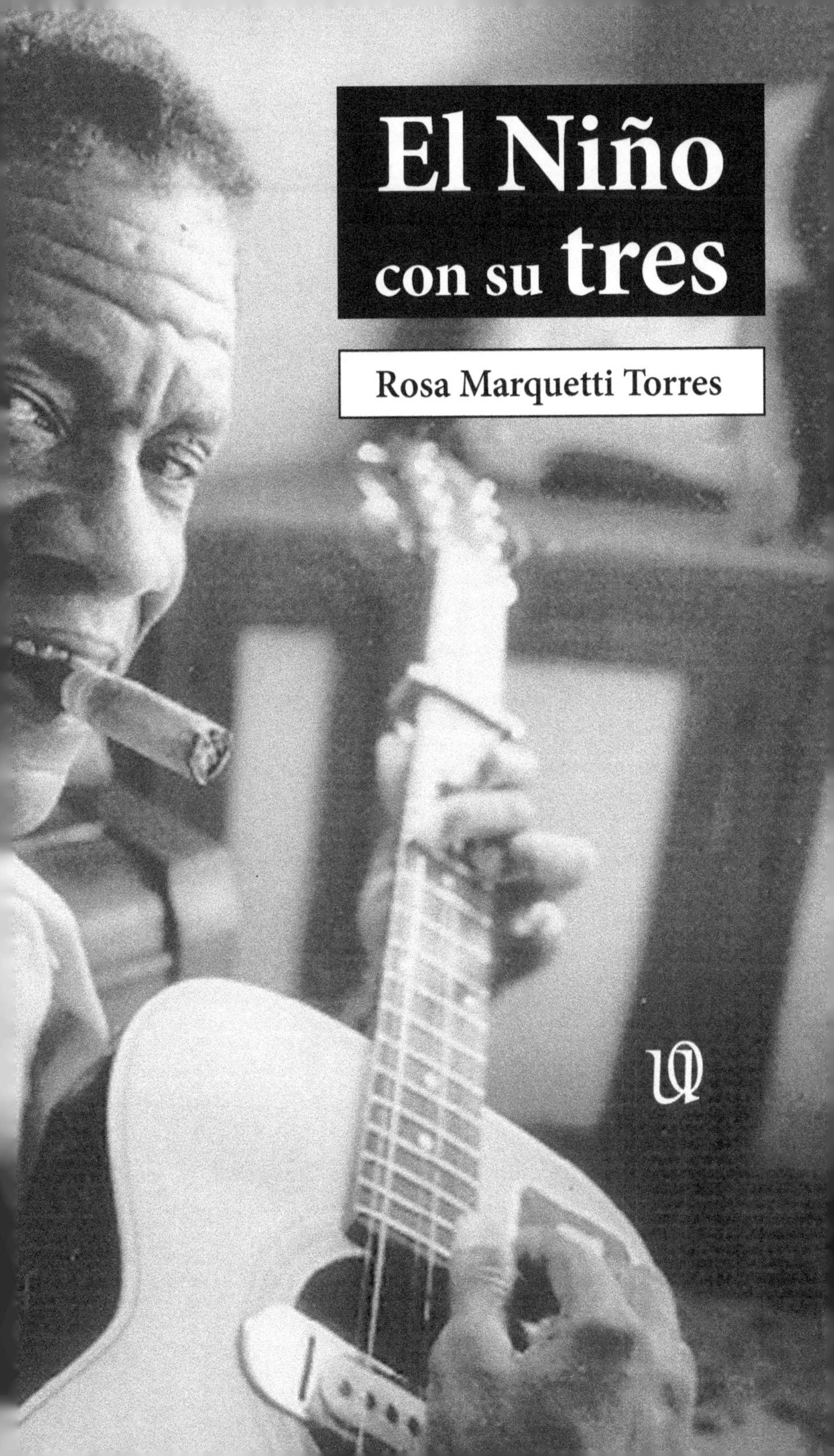

Library of Congress Control Number: 2019945180

© 2019 Rosa Marquetti Torres
Unos&OtrosEdiciones, 2019

ISBN-13: 978-1-950424-10-8
El Niño con su tres. Andrés Echevarría, Niño Rivera
©Rosa Marquetti Torres

Maquetación: Armando Nuviola
Edición: Haydee Arango
Diseño de portada: Paralelo diseño gráfico
 Pilar Fernández Melo, Fermelo
 Reinier Huertemendía Feijóo
 Imagen de cubierta: *Las luces de El Niño*, 2019

www.unosotrosculturalproject.com
UnosOtrosEdiciones

infoeditorialunosotros@gmail.com
UnosOtrosEdiciones
Hecho en USA, 2019

EL NIÑO
CON SU TRES
SU

Andrés Echevarría Callava, Niño Rivera

UNOS & OTROS

UO

EDICIONES

Rosa Marquetti Torres

Hay que rebasar la visión estrecha, más popular, que tiene el público del paso de Niño Rivera por la música cubana.

CÉSAR PORTILLO DE LA LUZ

Agradecimientos

A Marta Valdés y a Cristóbal Díaz Ayala.

A Pancho Amat y Nelson González.

A Alejandra Fierro Eleta, Tommy Meini y José Arteaga; a Colección Gladys Palmera.

A los treseros Efraín Amador, Cotó, Renesito Avich, Fernando Dewar, Maykel Elizarde, Juan de Marcos González, César Hechavarría, Benjamín Lapidus, Yusa, Guillermo Pompa, San Miguel Pérez, Efraín Ríos, Raúl Rodríguez y Enid Rosales.

A los músicos Fabián García Caturla, Francia Domech, Emilio Moré, Jorge Reyes, Oliver Valdés Rey.

A Jorge Rodríguez, memoria viva de los Estudios Areíto (Egrem).

A los musicólogos Radamés Giro, Jesús Gómez Cairo, José Reyes Fortún y Nefertiti Tellería.

A los coleccionistas e investigadores Rigoberto Ferrer Corral, Rafael Valdivia Nicolau y Jaime Jaramillo.

A René Espí Valero, José Galiño y Milena Recio (Cuba); a Sonny Bravo, Judy Cantor Navas, René López (Estados Unidos); a Alexis Méndez (República Dominicana) e Israel Sánchez Coll (Puerto Rico); a Verónica González (Díaz Ayala Collection, FIU).

A mi querida amiga Gloria Echevarría Portal; a Emilio, Magaly, Mario y Mayra Echevarría Cruz, hijos todos del Niño Rivera.

A Daniel Pérez Marcell, Teodora Lahoz, Doris Oropesa, Mirtha Almeida, Amín Blanco, Olimpia Calderón, Lisett Barrios y Vicente Prieto.

A Armando Nuviola y a Unos & Otros Ediciones.

ROSA MARQUETTI TORRES

Dos notas a modo de prólogo

El Niño era un poeta del tres

Pancho Amat

Cuando un músico llega a ser considerado como un destacado instrumentista, esa condición en muchos casos puede ser un *boomerang* en su contra, pues curiosamente lanza una cortina de humo sobre otras facetas en las que se desempeña con no menos estatura. Pero si además el artista en cuestión posee también los atributos de la generosidad, la humildad y la sencillez, está a las puertas de ser pasto del olvido o, en el mejor de los casos, de no ser reconocido en su justa dimensión. Tal es el caso, según mi impresión, de Andrés Echevarría Callava, el Niño Rivera.

De hablar pausado, reflexivo y sentencioso, el Niño te iba dando sus criterios en torno a la ejecución del tres con total franqueza. En los múltiples encuentros que con él sostuve siempre recibí sus consejos. Nunca hubo en ellos la intención de imponer sus criterios; estos se hacían valer por sí solos, cuando luego de un breve análisis de los mismos te dabas cuenta de cuánta razón tenía.

Recuerdo que, en la década de los ochenta, con motivo de un concierto para la clausura de un festival de la guitarra en La Habana, se manejó la idea de invitar al Niño para participar en un «mano a mano» junto a varios intérpretes del tres y el laúd, entre los cuales estaría yo. Sin pensarlo mucho me opuse, pues pensaba que en el «mano a mano» la libertad creativa está sujeta muchas veces a las "preguntas musicales" que te haga el intérprete con el que interactúas y eso, en su caso, sería un 'grillete', pues ninguno de los que con él compartiríamos escenario le hablaríamos en su «lenguaje».

Finalmente se acordó que el Niño tocara solo un tema para que pudiera organizar las improvisaciones a su manera. Recuerdo que hizo una versión de «Tres lindas cubanas» de Guillermo Castillo y a todos nos dejó con la boca abierta por el asombro. Anteriormente me referí a su hablar pausado: pues de igual manera tocaba el instrumento, y así nos regaló aquella noche una interpretación para la historia. Cuando el maestro improvisaba era como estar ante un acto de magia: nunca podías suponer lo que iba a pasar. Aquella noche en particular, las melodías y los juegos armónicos brotaban de sus manos ya castigadas por la artrosis con una coherencia y buen gusto total. En resumen, el Niño era un poeta del tres.

Al final del concierto, mientras conversábamos con él para agradecerle su participación, alguien se acercó y le dijo: «Apretaste, maestro»; el Niño lo miró, sonrió levemente como para agradecerle y le dio una palmadita en el hombro. Los allí presentes quedamos convencidos de que el tresero no le dio mucha importancia al hecho. La humildad no le permitía ver el alcance de su luz y menos aún vanagloriarse por ello.

Pero Andrés Echevarría también fue de los fundadores del *feeling* y contribuyó con sus arreglos orquestales a llevar muchos de sus temas al salón de baile, interpretados por afamadas orquestas y cantantes de la época. Fue también un compositor destacado: algunos de sus sones y canciones son imprescindibles a la hora del recuento de nuestra historia musical.

Precursor de la fusión del *jazz* con nuestra música, recuerdo claramente sus apariciones en un programa de TV en los años sesenta, llamado *El Show del Mediodía*. En aquel momento era una incógnita para mí, siendo yo un joven que ya empezaba a interesarme por la música, por qué el Niño Rivera le llamaba a su conjunto Conjband o por qué incorporaba el saxofón a la sección de metales; por otra parte, las introducciones y los mambos de muchos de sus temas me recordaban la música que oía en casa de un amigo en un disco de un tal Gleen Miller.

En la medida en que voy escribiendo se me va aclarando la memoria… Quisiera seguir hablando de alguien por quien siento un profundo respeto y un gran cariño, pero estoy seguro de que mucho de lo que querría decir del Niño Rivera está contenido en este libro de mi entrañable amiga Rosita Marquetti, a quien quiero agradecerle la confianza en mí para escribir estas palabras introductorias y el haber dedicado tanto esfuerzo en la creación de este documento histórico, que contribuirá a poner el nombre de Andrés Echevarría Callava, el Niño Rivera, en el lugar que merece dentro de la lista de los imprescindibles de nuestro mundo musical.

Pancho Amat
Güira de Melena, abril de 2019

Niño Rivera, un músico con un concepto musical creativo, único y diverso a la vez.

NELSON GONZÁLEZ

Los músicos cubanos han hecho contribuciones que han durado para siempre en el mundo de la música desde el principio de los siglos. Hoy muchos aficionados de la música cubana están muy familiarizados con nombres como los Van Van, Aragón, Ritmo Oriental, por solo mencionar algunos, pues estos impactaron en los años cincuenta, sesenta y más acá, con composiciones que ya hoy se han convertido en estándares de la música cubana. Una de esas composiciones es «El Jamaiquino», de Andrés Echevarría, Niño Rivera. Este libro enfatiza la historia de este humilde tresero, compositor y arreglista, y su contribución al universo musical cubano.

El libro se enfoca en su trabajo como tresero y su colaboración con numerosos conjuntos y solistas; y también, en parte, en algunos detalles sobre la contribución realizada por ellos. Particular atención dedica la autora a la labor del Niño Rivera como tresero, arreglista, transcriptor y director de estos grupos y solistas, que es presentada con sustentados detalles y, a la misma vez, prestando mucha atención a su contribución al género mundial más conocido de la música cubana —el son—, con un análisis enfático de otro género surgido en Cuba: el *feeling*.

Esta es también la historia de algunos de esos pioneros que hoy se describen como progenitores de la música cubana que hoy conocemos. Esta es la historia de uno de esos pioneros y de su extraordinaria y productiva vida.

El libro recoge momentos importantes de la vida del Niño: desde sus relaciones familiares, desde el momento en que su tío Meno descubrió que Niño Chiquito sería tresero, hasta las circunstancias que rodearon muchas de sus grabaciones y su accionar como músico, en particular su experiencia como músico negro y cómo sobrevivió a las contradicciones raciales que prevalecían en la Cuba de ayer.

El propósito de este libro es dar crédito donde el crédito es merecido. Dar reconocimiento muy pertinente a un tresero grande como lo fue Niño Rivera, un músico con un concepto musical creativo, único y diverso a la vez. Somos deudores de ese reconocimiento, por sus aportes como tresero, compositor y arreglista. Hoy la música de Niño Rivera mantiene su popularidad, especialmente entre treseros y alumnos, como lo soy yo, tresero puertorriqueño que, gracias a la música cubana y especialmente al Niño, llevo encendida la pasión por el instrumento y los ejecutantes que nos antecedieron. Hoy reconocemos que, a pesar de todas las adversidades sufridas, el Niño tuvo una vida extremadamente rica en armonía, en creatividad y, sobre todo, en humildad.

Gracias, Rosa, por hacerme parte de este histórico libro.

NELSON GONZÁLEZ
Nueva York, 18 de abril de 2019

Índice

A modo de información

Tres: instrumento cordófono y pulsativo... ¡la polémica está servida!

«El tre [sic] no era muy conocido en la parte occidental de Cuba, y fue traído de los campos de Oriente con la columna mambisa de invasores en 1895, cuando la guerra de independencia. Los negros de las fuerzas de [Antonio] Maceo traían el tre [sic] a sus espaldas, como los soldados españoles cargaban con sus guitarras [...]. El tres o, dicho en criollo cubano, el tre, es otro de los instrumentos músicos que llega Cuba con los españoles o que en estas Antillas se hizo a imitación de algún guitarrico».

Lino Dou, citado por Fernando Ortiz

«El instrumento de cuerda llamado tres, que ha sido característico de nuestro suelo desde tiempo inmemorial, aparece en manos de los africanos como elemento musical de importancia y consiste en tres cuerdas dobles, sobre una caja de madera, semejante a la bandurria y la guitarra, aunque más pequeña que la de ésta última».

Eduardo Sánchez de Fuentes

«La guitarra se modificaba en el tres, encordado y a las seis cuerdas de aquélla en tres pares, ocupando un registro agudo, y, por las peculiaridades de su ejecución, se destinaba a acompañar, con giros por terceras, la línea del canto».

Argeliers León

«En el son cubano, como la samba brasileña, las guitarras tienen una función más percutante que melódica. Los contrabajistas de orquestas callejeras no usan el arco. Sólo el tres, derivado de la antigua guitarra de cuatro cuerdas, suele seguir el canto, adornándolo con cadencias y melismas».

Alejo Carpentier

«El tres es el más importante instrumento representante de la cultura musical popular, porque en él se genera el son y lo que los musicólogos denominan el complejo del son (nengón, quiribá, changüí, guaracha, sucu sucu)».

Efraín Amador

La cama del tío Meno y su esposa, la tía Apolonia, era lo suficientemente alta como para que, entre el bastidor y el piso pulido, encontraran espacio un niño y un tres. Escondido, alejado de todos, en la casona de madera grande y alargada que sobresalía en la calle Isabel La Católica, en la occidental ciudad de Pinar del Río, ese muchachito tuvo quizás su primera comunión con ese instrumento, cuyo sonido le tensaba su infantil atención y le excitaba al punto de planear toda una rocambolesca operación para apoderarse, aunque solo fuese por un rato, de ese artefacto sonoro. La apasionada curiosidad de aquel niño llamado Andrés Echevarría Callava parecía no tener fin, mientras sus pequeños dedos trataban de desentrañar el misterio de aquellas tres cuerdas.

Luego recordaría así esos momentos iniciales:

> Soy el Niño Rivera, nacido en Pinar del Río. Yo nací el 19 de abril de 1919, en la calle Retiro No. 7 esquina a Polvorín, en la ciudad de Pinar del Río. Desde muy chiquito tuve afición por la música. A la edad de 3 años yo oía las grabaciones de los septetos de La Habana, allá en Pinar del Río, y me di a la tarea de buscar dos laticas de leche condensada y semejar a un par de bongó. Entonces me sentaba completamente desnudo debajo de la mata de mango [...]. Mi mamá me decía: «¡Niño, niño, sal de ahí de la mata de mangos!». Y entonces yo le decía: «Vieja, no, estoy practicando los golpes que yo le oigo a los bongoseros».[1]

Justo el año en que Niño Chiquito —como comenzarían a llamarle— cumplía la edad de tres, se inauguraba, el 10 de octubre, la primera estación radiodifusora cubana, propiedad de la Cuban Telephone Company, bajo el identificativo PWX. Pero probablemente el son aún no atravesaba el éter por las ondas de esa emisora.[2] Donde sí se

---

1. Niño Rivera en el programa televisivo *Te quedarás*, con guion y dirección de Gloria Torres. Años noventa.
2. Oscar Luis López: *La radio en Cuba*. Editorial Letras Cubanas, La Habana, 1981, p. 28.

escuchaba el son era en los discos que, para 1922 y bajo la producción del sello Columbia, habían grabado el Cuarteto Oriental (en febrero de 1917) y la formación denominada Son Santiaguero (noviembre de 1920); así como, del sello Víctor, el Sexteto Habanero (agosto de 1918) y el Grupo Sinsonte y Vázquez (noviembre de 1921), que cultivaban el llamado «son habanero».[3] ¿Llegarían esos discos de 78 revoluciones por minuto a Pinar del Río? ¿Tendría alguien en el entorno familiar de Niño Chiquito el necesario fonógrafo para escucharlos? ¿O los habría oído en vivo, en alguna presentación de algún sexteto llegado hasta la occidental provincia cubana? Quizás no lo sepamos nunca con exactitud, pero del testimonio anteriormente citado sí llama la atención el modo en que Niño Chiquito, con sus dos laticas semejando el bongó, estaría acaso anticipándose a la forma esférica que de manera definitiva tomaría ese instrumento, el cual, a juzgar por una de las primeras y más antiguas fotos del Sexteto Habanero, entonces estaba formado por dos secciones de percusión cuadradas —no redondas.

El Niño continuaría recordando:

> La cuestión de la música me viene por afición, porque mi abuela tocaba laúd, mandolina, bandurria, mi difunto tío Panchito Soto era acordeonista, tocaba también guitarra, y parece que toda esa influencia fue apoderándose de mí y por la corriente musical, pues me asocié a la música entonces, me vino la afición por el tres. La casa de mi tío era como un cuartel general por donde desfilaban muchos músicos... treseros... El bajo no se usaba cuando aquello... bongoseros, la marímbula... la casa de mi tío era de madera, una casa larguísima, con un fondo tremendo, él tenía el tres colgado en la pared y cuando él salía por la mañana, él era carpintero, tenía un banco de carpintería en el portal, y había veces que se levantaba e iba a dos cuadras, a la ferretería de Canosa a comprar clavos, puntillas, algunas herramientas... yo lo velaba, cuando él doblaba la esquina, aprovechaba, me encaramaba en una silla, cogía el tres y me metía debajo de la cama a practicar ahí las cosas que le oía a los otros

3. Cristóbal Díaz Ayala: *Discografía de la música cubana,* volumen 1 (1898 a 1925). Fundación Musicalia, San Juan, 1994, pp. 323-325.

treseros y lo que oía por discos, que iban de La Habana para allá. La difunta Apolonia, la señora de él, como tenía que pasar de la sala a la cocina, ella me oía tocar, yo me hacía la idea de que nadie me estaba oyendo, pero ella me oía. Y un día se lo dijo a mi tío: «Yo quisiera que tú oyeras a tu sobrino Niño, ¡qué bien va a tocar el tres!». Y un día se pusieron de acuerdo y un día mi tío hizo el paripé que iba a ir para la ferretería y cuando yo vi que dobló la esquina, agarré el tres y me metí debajo de la cama a tocar. Y cuando yo más contento estaba, veo una mano prieta que levanta la sábana y le veo la cara y me dice: "¡Así que usted va a ser tresero también!". Yo le tenía un respeto tremendo a mi tío. Figúrese qué mal rato pasé. Y me dijo: 'Bueno, salga. Esta noche en el ensayo usted va a tener que tocar para que los músicos oigan lo bien que usted toca'. Bueno, así fue, pasó el día, llegó la noche, entre ensayo y un poco de conversación me dijo mi tío: «Niño vamos. Para que lo oigan tocar». El tres de mi tío tenía el brazo un poco ancho, imagínese, las manos mías no alcanzaban apenas a las posiciones. En el ensayo me hizo tocar y cuando terminé de tocar, la gente y los músicos ahí me cargaron y le dijeron a mi tío: "¡Ese muchacho va a ser una maravilla con el tres!". Entonces, los músicos le dijeron a mi tío: 'Bueno, Meno, mira, como que ya tú estás un poco cansado, vamos a dejar al Niño de tresero y tú vas a hacer las veces de director o de manager'. Ese fue mi comienzo como tresero.[4]

Niño Chiquito y su familia vivían dentro de la música, inmersos en ensayos, serenatas, toques y fiestas que sin duda dejarían una marca en la formación del pequeño músico en ciernes. Este era la sensación del Sexteto Caridad, en Pinar del Río, cuando, con apenas cinco años y casi sin levantar una cuarta del suelo, se sentaba y «atrabancaba» el bongó entre sus piernecitas, y no había otro remedio que dejarlo tocar.[5] Después su tío Meno lo incluyó en la Charanga Meno, un ente con un peculiar formato instrumental

4. Niño Rivera en programa televisivo *Te quedarás*, ob. cit.
5. Félix Contreras. «El Niño Rivera puso filin al tres». *Bohemia*, La Habana, 16 de febrero de 1996, p. 54.

—acordeón, tres, guitarra, trompeta, botija, timbal y güiro— y que tocaba principalmente zapateos y danzones. Más tarde el Niño comenzaría a tocar tres requinto, en un paso que marcaría para siempre su camino de vida.[6] Los padres Leonilo y Elvira seguirían cantando a dúo piezas de la trova tradicional, su abuela seguiría acompañándose de la bandurria para desgranar sus décimas, y el tío Meno no se quedaba atrás. Y seguirían llamándole «Niño» para aquí y «Niño» para allá, y parece que sería para siempre. Aquel ambiente musical de fiestas, serenatas y toques marcaría la vida de Niño Chiquito, quien, no se sabe cuándo ni cómo, se convirtió muy pronto en Niño Rivera.

En 1926 Leonilo Rivera y Elvira Callava se trasladan con sus hijos a La Habana. El Niño tenía siete años de edad: «Allí vivimos en la calle 13 entre 10 y 12 en la zona de El Vedado. Hice contacto con el difunto Papito, director del septeto Segundo Boloña y comencé a tocar con ellos».[7] Esto último, con apenas nueve años. Sin mucho conseguido, la familia regresa a Pinar del Río. Cuando lo hacen, el Niño ya tiene diez años y el Sexteto Caridad, aquel que dirigía su tío Meno, había sido disuelto. Iniciada la década del treinta, el adolescente Niño Rivera emprende la tarea de reorganizarlo, bajo la influencia de la fama que ya disfrutaban el Sexteto Habanero, el Septeto Nacional, dirigido por Ignacio Piñeiro, y el Sexteto Boston, que entonces dirigía Jacinto Scull, primo de Arsenio Rodríguez.[8]

Para ello el Niño acciona su incipiente liderazgo con los consejos de su tío y suma a este empeño a un coterráneo que llegaría a ser uno de los mejores cantantes cubanos: «Hicimos un grupo de primera [contaría el Niño]. Dentro de él había un muchacho que acabábamos de descubrir y que se llamaba Miguelito Cuní. Él y yo éramos los encargados de buscar en la radio, que en esa fecha ya se escuchaba en Pinar del Río, lo último que se tocaba en La Habana, y ponernos al día».[9] También se sumaron Miguel Chaúcha como cantante y maraquero; Diomedes Argudín, voz segunda y guita-

6. Nefertiti Tellería. *Los 70 de Niño Rivera*. Folleto publicado por la Dirección de Información del Ministerio de Cultura cubano, 1989.

7. Entrevista a Niño Rivera (entrevistador desconocido), Díaz Ayala Collection, Florida International University, casete no. 1190. El sexteto Boloña tenía una segunda formación que actuaba, mientras la principal cumplía contratos y compromisos más importantes.

8. Jairo Grijalba Ruiz. *Arsenio Rodríguez. El profeta de la música afrocubana*. Ed. UnosOtros Ediciones, Miami, 2015, p. 42.

9. Osvaldo Navarro. «El Niño Rivera no se conforma». *Bohemia*, La Habana, 1 de noviembre de 1991, pp. 16-17.

rra; Papito Castillo, contrabajo; Niño Ortiz, trompeta; y Mingo en el bongó.[10] En 1931 Niño Chiquito ya comenzaba a ser Niño Rivera: con apenas doce años era el director del Sexteto Caridad y había comenzado su leyenda como tresero.

---

10. Esta formación es aportada por la musicóloga Nefertiti Tellería. Ob. cit.

Cuando el compositor Eduardo Sánchez de Fuentes preparaba el ciclo de conferencias que sobre la música cubana debía dictar en la Academia de Artes y Letras a finales de los años veinte del pasado siglo, solicitó el concurso del compositor y trovador Sindo Garay, quien, al hablar del ámbito creativo y musical que se vivía en Santiago de Cuba a finales del siglo XIX, le comentó que Nené Manfugás había sido el primer tresero que él había visto en Santiago de Cuba. Tal vivencia personal circunscrita en tiempo y espacio fue después absolutizada y descontextualizada por quienes afirmaron de modo radical que Manfugás fue el primer tresero que existió en Santiago e, incluso, en Cuba.

No hay modo de verificar tales declaraciones, pero el hecho de que Sindo hubiese visto tocar a Manfugás le aporta al hecho una trascendencia particular, lo cual se ha visto reforzado por las investigaciones del musicólogo Jesús Blanco Aguilar, quien, al parecer, tuvo en sus manos un impredecible tesoro: la libreta de apuntes del tresero santiaguero Rafael *Pillo* Ortega, que otro tresero —Francisco Lincheta, conocido como Panchito Salvaje— le había mostrado. La bitácora estaba fechada en 1924 y en sus hojas gastadas Pillo había escrito lo que había vivido y sabía sobre el tres, el son y Nené Manfugás. Pillo, quien había nacido en Santiago de Cuba el 10 de diciembre de 1882, aseguraba

> [...] haber visto en 1892, con solo diez años, a un negro colorao, alto, fornido y de facciones toscas que meneaba la cabeza al compás del ritmo. Era Nené Manfugás, que tocaba un extraño instrumento; era un rústico instrumento, tenía la forma de una cajita cuadrada de pino sin pulir, con brazo parecido al de la guitarra, pero más corto, y tres cuerdas de hilo acerado. Se decía que Nené lo había traído de Baracoa y allí lo había aprendido a tocar.[11]

---

11. Jesús Blanco Aguilar. *80 años del son y soneros en el Caribe.* Fondo Editorial Tropykos, Caracas, 1992, p. 112.

Pero Pillo Ortega vio y recordó mucho más acerca del tres:

> Ya en el 1897 vi que el tres se había cambiado para tres pares de cuerdas de acero y la gente conseguía guitarras chiquitas para hacerlo, pues estas sonaban más agudas. El primero que vi tocando un instrumento así fue un mulato llamado Santiago Blandí, y después otro llamado Juan Ferrer, que fue el verdadero autor de "Cuba tus hijos lloran". Todavía no se había acabado la guerra.[12] Después vi a los hermanos Evaristo y Manuel Sánchez que eran blancos, y tocaban a dúos de tres las canciones, boleros y sonsitos de la época. Con Evaristo Sánchez fue que yo aprendí a tocar tres; Evaristo fue quien en 1907 hizo el primer tres de perita que se vio en Santiago. En 1899 ellos formaron un cuarteto con dos tres (primero y segundo), y tenía a Juan Duarte en los timbales y Emiliano Palacio cantando y tocando el güiro. En 1902 yo hice la estudiantina "La cubana" con dos tres –yo, primo; y Yayo, segundo–; Felipe Valverde, guitarra; Carlos Calero, timbales, Joseíto, el güiro, Emiliano Palacio, botija, y de los otros no recuerdo, pues hace muchos años. En 1908 le metí un cornetín a la estudiantina, que lo tocaba Fermín. Yo soy el único tresero del tiempo de España que queda en Santiago. Dejé el tres en 1929, porque puse mi barbería propia.[13]

Este testimonio, recogido probablemente muchos años antes de la publicación del libro de Blanco Aguilar, tiene sin dudas la importancia de ofrecer un panorama del tres primigenio que perduraba en la memoria de Pillo Ortega.

Para el Niño Rivera, los orígenes del tres también rondaban aquellos tiempos, en las postrimerías de la Guerra de Independencia, cerca de 1895. Cuando Marta Valdés le preguntó quiénes eran los treseros que consideraba más importantes en la música cubana, el Niño respondió, haciendo un análisis en retrospectiva:

---

12. Se refiere a la Guerra de Independencia de 1895, que terminó con la intervención norteamericana en 1897 (N. del A.).
13. Jesús Blanco Aguilar. Ob. cit., p. 112.

Hay dos etapas: una etapa de cuando se tocaron nada más que montunos y después que se empezó a tocar el son, pero en una forma de composición: los boleros. El montuno lo trajeron los "permanentes" de allá de Oriente, creo que fue cuando la guerrita de razas[14] que fueron los "permanentes" de aquí de La Habana para allá y aprendieron a tocar son y cuando bajaron para acá para Occidente, bajaron tocando son. Los "permanentes" eran un cuerpo especial del ejército de José Miguel Gómez.[15] Como la guerrita de José Miguel estaba por allá que dicen que aquello estaba en candela, mandaron a aquella gente como un ejército ya experimentado en ciertas cosas y allá fue donde ellos aprendieron a tocar son. Me acuerdo que de aquí de La Habana estaban como soldados Carlos Godínez, Ricardo Machierile, que bajaron tocando son para acá. Aparte de esos treseros de aquella época, que yo recuerde, conocí a Luis Mondalú, a Isaac Oviedo, a Laborí y otros más. Esos son los treseros de la etapa del montuno, cuando se tocaba el montuno con un tres, una guitarra, el que tocaba los bongoes se ponía un par de maraquitas en las muñecas. Los bongóes entonces no eran redondos, eran cuadrados, y en vez de quedar los dos dentro de las piernas quedaba uno entre las dos piernas y el otro fuera. Entonces iban enganchados por un pedazo de cuero del ancho de la pierna para poder tocar. Ese es el nacimiento del son. [...] Se inicia el son con los grupos pequeños y después con las agrupaciones. Eran grupos numerosos, porque ahí se incluían las mujeres, que cantaban, la gente que cantaba sin tocar instrumentos y tenían dos o tres instrumentos de los llamados tres, y cuatro o cinco guitarras, usaban violas... entonces al poco tiempo empiezan a surgir los sextetos y en esa época es cuando yo conozco al Sexteto Habanero, cuando ellos fueron a Pinar del Río ya llevaban el contrabajo. Eran seis. Después surge el septeto. En esa época que el son había

---

14. Se refiere a los soldados que eran conocidos como «permanentes». En cuanto a la «guerrita de las razas», se refiere a la protesta armada realizada por el Partido Independiente de Color en 1912, que terminó en la masacre de sus protagonistas por parte del Ejército (N. del

15. José Miguel Gómez, elegido presidente de la República de Cuba en 1908 (N. del

avanzado un poco, que no era solamente montuno, sino una forma ya de composición –porque existían los boleros ya en esa época– yo conocí muy buenos treseros: Eliseo Silveira, Ramón Cisneros [conocido por Liviano], conocí al... Poridiano, a Lanuza, a Miranda, a Oscar, Panchito Chevrolet, que era tresero del Septeto Nacional [...]. Eso que cuento fue cuando vine a La Habana en el año 28. [...] En aquella época los conjuntos no grababan todavía. En la Víctor grababa el Sexteto Habanero; en la Columbia, el Septeto Nacional; en una compañía que se llamaba Bronson [Brunswick], el Septeto Boloña; el Sexteto Cuba, en la RCA también; pero el Agabama no había surgido en esa época.[16]

16. Marta Valdés. «Con el Niño Rivera» (entrevista). *Donde vive la música*. Ediciones Unión, La Habana, 2004, pp. 78-80.

Con el Sexteto Caridad... ¡para La Habana!

No se podía vivir de ser músico, así que el Niño fue aprendiendo algunos oficios, como zapatero y pintor, sin dejar la música, sin abandonar el tres, pendiente a los sextetos que sonaban en la radio y que pasaban por las fiestas de Pinar del Río. Pero la provincia más occidental de la Isla, la llamada Cenicienta de Cuba, no daba para mucho más, al menos atendiendo al tamaño de los sueños y las aspiraciones del pequeño tresero. En 1935, después de amenizar las fiestas tradicionales del municipio de Artemisa, los miembros del Septeto Caridad decidieron viajar a La Habana para probar suerte. «La situación estaba muy mala en Pinar del Río», diría el Niño Rivera años más tarde. La musicógrafa y fotógrafa Mayra A. Martínez, quien lo pudo entrevistar, contaría:

> Recorrieron cafés y sociedades en busca de contratos, pero no los acompañó la fortuna. En su primer día habanero, trashumantes de bodegas, bares o cafeterías, tocaron hasta la saciedad para conseguir clientes. A cambio recibían las exiguas propinas. Al final de la tarde repartieron las ganancias sentados en el Crucero de la Playa: dos pesos y cincuenta centavos para cada uno. Y en ese momento, un chico se les acercó y les preguntó: "¿Ustedes son los músicos de Pinar de Río?". Todos lo confirmaron. "Pues dice Pedro, el de la Academia de Baile, que vayan para contratarlos". Cincuenta centavos por músico y un espacio sin techo para dormir en el mismo recinto les resultó una oferta fabulosa en aquella precaria circunstancia. De allí pasaron a la playa de Marianao, a otras academias de baile con mejores salarios.[17]

En una entrevista muchas décadas después, el Niño afirmaría: «Era el llamado Cabaret París el primer lugar donde nos pagaron algo fijo».[18] Aunque por su aspecto rudimentario y por el público

---

17. Mayra A. Martínez. *Cubanos en la música. Treseros.* Ediciones Unión, La Habana, 2015, p. 242.
18. Entrevista a Niño Rivera (entrevistador desconocido). Díaz Ayala Collection, ob. cit., casete no. 1190.

que los frecuentaba se les tenía por lugares de baja categoría, los pequeños cabarets y tarimas de la playa de Marianao ejercían desde los tempranos años treinta un atractivo peculiar, incluso para turistas e intelectuales, desde Lorca hasta Gershwin, desde Guillén hasta Langston Hughes, por solo mencionar los famosos que allí estuvieron a finales de la década de los veinte e inicios de los treinta. Era aquella playa uno de los lugares donde se podía escuchar y disfrutar el mejor son habanero; donde se presentaban lo mismo los más populares sextetos y septetos, que los más simpáticos e ingeniosos guaracheros y rumberos, junto a quienes daban los primeros pasos en estos géneros y encontraban allí un sitio donde ganar algunos pesos:

> Allí conocí a Choricera [contaría el Niño]; para mí Choricera era el mejor timbalero, era genial, hacía un tipo de música con las baquetas, que era un artista! La gente que iba allí le hacía un coro tremendo… Una vez por casualidad se apareció allí Chano Pozo… nos presentaron… nos conocimos… y toca la casualidad que en eso Choricera estaba tocando una rumba y entonces Chano se fue para allá, para donde estaba tocando Choricera y empezó a bailar. Choricera, para mí, era el mejor timbalero, y Chano, el mejor rumbero, por sus condiciones… un individuo de sentido creativo. Chano había veces que llegaba a un lugar, a un café, y se ponía a tocar, a dar palmadas, y ahí mismo inventaba una rumba. Lo mismo bailaba, que tocaba, que cantaba, y el público lo coreaba. Y había veces en que el público le preguntaba: «Bueno, Chano, ¿cuál es lo último?». Entonces empezaba a cantar «Blen blen blen», o cualquier rumba de aquella época.[19]

El Niño Rivera decide quedarse en La Habana y pasa por diversos sextetos: el de Alfredo Boloña, muy popular en esos años y donde coincide con el joven trompetista Félix Chappottín; los sextetos Cárdenas[20] y Bayamo,[21] entre otros.

---

19. Niño Rivera en documental *Buscando a Chano Pozo*, de Rebeca Chávez (Icaic, 1987).
20. Según Jesús Blanco Aguilar (ob. cit., p. 55), en 1930 el sexteto Cárdenas había entrado a tocar en el cabaret *El Infierno*, en las calles Amistad y Barcelona, actual zona de Centro Habana.
21. Íbidem, p. 56. El sexteto Bayamo fue creado en 1930 por Narciso Ayerve.

El tresero Pancho Amat recuerda algunas de las anécdotas que le contara el Niño Rivera sobre aquellos años y que prueban de qué modo fue capaz de absorber lo que le revelaban los músicos habaneros:

> Cuando llegó a La Habana, el Niño tuvo la suerte de entrar por la playa de Marianao y allí conocer a Eliseo Silveira, otro gran olvidado y Eliseo ya *jazzeaba* la música con el tres. Recuerda que muy temprano, por ejemplo, Compay Segundo cantaba y tocaba «Orgullecida», con clarinete en tiempo de *fox-trot*. El Niño hizo muy buenas migas con Eliseo.[22]

Eliseo Silveira fue uno de los treseros más interesantes y reconocidos de aquella generación. El Niño contó cómo lo recordaba, junto al panorama del tres por aquellos años:

> Empiezan a destacarse luego los treseros en una forma más amplia que la que se utilizaba anteriormente; unido con la guitarra forman la armonía, con menos amplitud, porque el tres solamente tiene tres cuerdas dobles, pero ya empiezan los treseros a hacer dominantes y subdominantes, interdominantes, y el instrumento va cogiendo otra categoría. En esa época el que más anticipado estaba a los acontecimientos se llamaba Eliseo Silveira. Y se puede notar eso por la construcción de sus composiciones. El tipo de armonización que él emplea en aquella época, que los demás treseros tocaban muy bien, pero… Eliseo fue tresero del sexteto Agabama de Abelardo Barroso. Estuvo en el sexteto Pinín, en el Sinsonte de Oro… Los treseros de esa época punteaban muy bien, conocían el instrumento de arriba abajo y le hacían un solo, cosa que otros treseros no podían hacer porque no tenían el desarrollo, el desenvolvimiento para hacer ese tipo de trabajo y aparte de eso la inteligencia que ellos tenían para aprenderse un número rápido y para improvisar sobre el instrumento. Eliseo no sabía música, pero por pura inspiración hacía aquellas composiciones

22. Pancho Amat. Entrevista por la autora. Teatro Nacional, La Habana, 27 septiembre de 2018.

que resultaban modernas de acuerdo con lo que estaba en el ambiente de aquella época, que apenas se usaba una interdominante, nada más que se usaba el Do Mayor, el Sol Mayor… Yo creo que hay grabaciones de él.[23]

A la autoría de Eliseo Silveira se adjudican los boleros «Antes de partir» y «Borrando el pasado»; los boleros-sones «Alma sensible», «Así terminó el amor» y «La choza de guano»; y el son «Si tú me niegas».[24] Algunos entendidos han visto en los primeros boleros de Arsenio Rodríguez una influencia de lo que ya hacía con los suyos Eliseo Silveira.

Y será justo el Niño Rivera quien reemplazará a Eliseo Silveira en la próxima agrupación a la que entraría: el sexteto Bolero de 1935, de Tata Gutiérrez: "Enseguida empecé a ganar nombre [recordó] y me ponían entre los mejores treseros. Se decía: 'Allá en la playa de Marianao hay un negrito flaco, de Pinar del Río, ¡que es una clase de tresero…!'".[25] ¡Había comenzado la leyenda!

Niño Rivera (primero a la izquierda) en sexteto Bolero de 1935 de Tata Gutiérrez
Fotografía: Cortesía Colección Gladys Palmera

23. Marta Valdés. Ob. cit, p. 80.
24. Radamés Giro. *Diccionario enciclopédico de la música cubana*. Editorial Letras Cubanas, La Habana, 2009, p. 146.
25. Osvaldo Navarro. Ob. cit., p. 16.

Sexteto Bolero de Tata Gutiérrez, un paso más

Cuenta Jesús Blanco Aguilar que corría 1935 y Jesús *Tata* Gutiérrez, quien entonces era cantante del sexteto Boloña, abandonó esta formación, junto al tresero y cantante José Vegas Chacón, para formar el sexteto Bolero de 1935, del que Gutiérrez se convirtió en director y voz prima. Como integrantes fundadores menciona a Félix Chappottín y Rubén Calzado en las trompetas,[26] José M. Carriera Inciarte, el Chino en el bongó; José Vegas Chacón en el tres «rayado» en función de guitarra acompañante y voz segunda; y Eliseo Silveira en el tres. Este último sería reemplazado por el Niño Rivera cuando, en 1937, se vincula a esta formación.[27] En algún período un muy joven Panchito Riset va a marcar el sello vocal de la agrupación. Rápidamente el sexteto Bolero de 1935 logra insertarse y permanecer hasta el inicio de la década siguiente entre las más reclamadas para fiestas, academias de baile, verbenas y celebraciones auspiciadas tanto por sociedades de naturales españoles como de instrucción y recreo para negros y mulatos, junto a los Hermanos Contreras, el quinteto Tomé, la Gloria Matancera, las orquestas de Cheo Belén Puig, Belisario López y Antonio María Romeu, Melodías del 40 y otras.[28] También se presenta el sexteto Bolero a través de las ondas radiales, en un programa originado en la estación de la Loma del Mazo. En 1937 su popularidad es tal que se puede disfrutar su música en tres estaciones de radio diferentes: CMC, CMCG y CMBZ Radio Salas; en este último en su programa *La hora tabacalera*.[29] En junio de 1942 Tata Gutiérrez y su sexteto Bolero de 1935 se presentaban de manera regular en la

---

26. Algunas referencias indican que Calzado entró en el Bolero de 1935 después, a la salida de Chappottín.

27. Jesús Blanco Aguilar. Ob. cit., p. 71. Nefertiti Tellería (ob. cit.) aporta la fecha de incorporación de Niño Rivera al sexteto Bolero de 1935.

28. El periódico *Hoy*, en las páginas sociales y culturales de sus ediciones durante la segunda mitad de la década del treinta, es pródigo en referencias a las presentaciones del sexteto Bolero de 1935.

29. Patrick Dalmace en <http://www.montunocubano.com>. Otra prueba de esto es su aparición en el Directorio Musical de la Unión Sindical de Músicos de Cuba, correspondiente al año 1939, en el que el sexteto Bolero de 1935 figuraba entre los de mayor destaque dentro de la publicación, que anunciaba su dirección para contrataciones en la calle Jesús Peregrino 112, en la zona de la Habana Vieja.

CMCU Radio García Serra, en la franja horaria de 1:00 a 2:00 p. m., de lunes a sábado.[30]

BOLERO DE TATA

Sus admiradores le quieren y cariñosamente dicen, a la buena fiesta no falta el Bolero de Tata.

Anuncio de bailables. Sexteto Bolero de 1935 de Tata Gutiérrez (Niño Rivera, primero, sentado a la izquierda
Fotografía: Cortesía de Magaly Echevarría

En 1939 el Chino Incharte, por un lado, y Félix Chappottín, por otro, dejan el sexteto Bolero para incorporarse al septeto La Carabina de Ases. El cantante Carlos Embale es por breve tiempo, al comienzo de los años cuarenta, una de las voces del sexteto Bolero.[31] A pesar de su intensa actividad en programas radiales y bailes populares y de las avanzadas propuestas que introdujo, en particular en la intervención del tres de Eliseo Silveira primero, y del Niño Rivera después —quienes ya experimentaban con sonoridades derivadas de los arreglos de las bandas norteamericanas de *swing*—, el Bolero de Tata Gutiérrez tuvo una vida breve y no dejó grabaciones que pudieran hoy dar fe de su singularidad.

Según testimonio del Niño:

> Más o menos, yo contaba con lo necesario para vivir, y aunque estaba en el Bolero, si llamaban un tresero para

30. *Radio-Guía*, a. VIII, no. 96, junio, 1942, s. p.
31. Patrick Dalmace en <http://www.montunocubano.com>.

una fiesta y ese día no tenía compromiso, iba y ganaba más. Existían cafés, abiertos las veinticuatro horas, en las esquinas de los Cuatro Caminos. Ahí se reunían los músicos. En el parque Trillo estaba La Gran Vía; en Zanja y Belascoaín, el OK; y así había otros. Era un entra y sale de músicos, todos de cuello y corbata, con su instrumento a cuestas por si aparecía algún baile. Para mí esa época del son fue esplendorosa, muy caliente, con mucho pugilato, mucha competencia. Hubo un apogeo enorme de músicos de calidad y de buenos grupos. Los que tocaban en uno de primera categoría debían afinar la puntería. Había treseros maravillosos, como Isaac [Oviedo], Arsenio [Rodríguez], [Eliseo] Silveira, Oscar Pelegrín, Liviano [Ramón Cisneros] y muchos otros cuyos nombres no recuerdo. El tres es un instrumento de pocos recursos y, para sonar distinto, resulta imprescindible un alto sentido creativo.[32]

36

32. Mayra A. Martínez. Ob. cit., pp. 242-243.

Septeto y conjunto Rey de Reyes

El año 1942 es, a todas luces, crucial en la vida musical del Niño Rivera: abandona la formación liderada por Tata Gutiérrez y concluye sobre esa etapa lo siguiente: «por mi experiencia de negocios, entendí que no podía permanecer ahí».[33] Muchos años después, el gran percusionista Cándido Camero —quien también es tresero— contó que ya él era bongosero en el septeto Bolero de 1935 cuando el Niño Rivera se va y él, Cándido, pasa a ser el tresero de la agrupación.[34] Además añade el Niño Rivera:

> Era una época de esplendor en cuanto a músicos: habían muchos músicos, muy buenos treseros, buenos contrabajistas, buenos trompetas, buenos bongoseros. En esa época habían treseros aquí, como el difunto Liviano, Isaac Oviedo, Arsenio Rodríguez… había una tremenda disputa para ser el mejor. Entonces yo analizaba mi estilo y me decía: «Con el estilo este, yo no puedo sorprender a nadie»… porque el tres es un instrumento insípido, al tres hay que sacarle, para que interese. Eso es cuestión del mismo instrumentista: tiene que crear sobre el instrumento, porque su campo de desarrollo es bastante corto, nada más que son tres cuerdas y la extensión es bastante reducida. Entonces, yo oía las grabaciones americanas… que se obtiene bastante en lo que a armonía se refiere. En esa época existían las orquestas de Tommy Dorsey, Benny Goodman, Artie Shaw, Duke Ellington, Louis Armstrong… una inmensidad de orquestas. Entonces a través de los discos yo oía las armonizaciones y decía: "¡Pero aquí no armonizan igual que esta gente!". Entonces se me fue pegando aquello,

37

---

33. Entrevista a Niño Rivera (entrevistador desconocido), Díaz Ayala Collection, ob. cit., casete no. 1190.
34. Cándido Camero. Entrevista (verbal) por Judy Cantor-Navas. Miami, 15 de marzo 2019.

fui buscando en el instrumento, hasta que logré hacer mi propio estilo, donde ya la gente cuando oía tocar al Niño y oía a otro decía: 'No, ese no es el Niño: el Niño es ese'. Por la forma de tocar y el empleo que yo hacía de la armonía, la gente me distinguía.[35]

En efecto, es ya reconocida la trascendental influencia que ejercieron las bandas norteamericanas de *swing* en los conceptos armónicos de treseros como Eliseo Silveira —de manera incipiente— y el Niño Rivera, que es quien de manera orgánica inserta y traduce estas influencias al lenguaje de su instrumento. Efraín Amador, incluso, lo especifica aún más, responsabilizando por esto a la llegada a Cuba del cine sonoro norteamericano, pues los treseros comenzaron a reproducir en sus instrumentos aquellos encadenamientos de acordes que escuchaban en los filmes en los que, hacia los años cuarenta, se traería el impresionismo debussiano reelaborado en la música incidental. Este sería, sin dudas, uno de los gérmenes de un movimiento que poco después revolucionaría la canción en Cuba: el filin.[36]

Amador también concede una importancia singular a la influencia ejercida por el músico y compositor francés Claude Debussy, uno de los padres del impresionismo:

> El oído del Niño Rivera era una cosa tremenda, tenía un oído tan superior, que pudo intuir la importancia de lo que él escuchaba en ese cine sonoro, toda esa música que venía de Debussy, quien creó el sistema armónico que culminó en el impresionismo y que rompió con Wagner y el post-romanticismo, iniciando una nueva era armónica. Esto influye en Gershwin y sus contemporáneos, y al formarse todo esto en Estados Unidos y filtrarse al cine sonoro, llega aquí y los treseros comienzan a escuchar y se vuelven locos con esto.
>
> En su opinión, fue Isaac Oviedo quien primero se percata de esto y empieza a componer de oído piezas para el tres como instrumento, influidas por el *ragtime*, el *fox-trot*, el

---

35. Niño Rivera en programa televisivo *Te quedarás*, ob. cit.
36. Efraín Amador. *Universalidad del laúd y el tres cubano*. Editorial Letras Cubanas / Adagio / Cúpulas, La Habana, 2009, p. 100.

jazz, etc. y lo empieza a mezclar con los ritmos cubanos, pero quien le da el gran vuelo es el Niño. Quienes primero comienzan a introducir estos elementos son Niño Rivera y también Arsenio Rodríguez cuando amplía su conjunto. Todo el mundo tocaba un acorde de tres notas, pero el Niño dejaba una y ponía cuatro. Y hacía todos los acordes del feeling en el tres. Eso entonces no lo podía hacer nadie. Eso es un legado del Niño.[37]

Aún dentro de la línea sonera, el Niño Rivera organiza ese mismo año de 1942 el septeto Rey de Reyes, el cual evoluciona hacia a un formato próximo al conjunto, con la peculiar característica de contar con un cuarteto de voces armónicas que, en opinión de Jesús Blanco Aguilar: «marca el inicio de una época en el desarrollo armónico y estilístico de esa forma musical cubana».[38]

Niño Rivera con su tres en un septeto
Fotografía: Cortesía Mario Echevarría Cruz

Sumamente escasas son las informaciones que han llegado hasta hoy acerca del Rey de Reyes, pero el propio Niño nos dejó un

---

37. Íbidem. El autor recogió grabaciones de campo que le realizó a Isaac Oviedo con los temas que compuso y a los que hace referencia en esta entrevista.
38. Jesús Blanco Aguilar. Ob. cit., p. 84.

testimonio al respecto: «El septeto Rey de Reyes sobrevive solo dos años, hasta 1944, cuando ya Arsenio Rodríguez introduce sus grandes aportes al son, con dos trompetas, tumbadora y piano y entonces tuve que ampliar el septeto llevándolo a once integrantes, es decir, convirtiéndolo en un conjunto».[39]

Según Blanco Aguilar:

> [...] en este conjunto se agruparon, bajo la dirección del connotado tresista, figuras que asimilaron e interpretaron todas las pautas de desarrollo que entonces exigía el son y que fueron expuestas con claras definiciones técnicas por Rivera. Estas técnicas fueron, entre otras: primer arreglo para tres trompetas contentivo de una independencia de voces dentro del criterio armónico, concebido a partir de los recursos armónicos del tres, el cual hasta ese entonces, salvo raras excepciones, era empleado como voz cantante el "punteado melódico". Niño Rivera y su Rey de Reyes son sin género de dudas ejemplos vivos y fuentes del movimiento cualitativo que integraron creadores e intérpretes del genuino son.[40]

Ávido e insaciable en lo que a música se refiere, el pinareño amplía el espectro de su conocimiento y, junto al son, absorbe todo lo que le aporta el descubrimiento de los grandes intérpretes y compositores norteamericanos, principalmente los del *jazz* que se hacía en los años treinta y cuarenta, ya derivando al formato de conjunto. Será en el septeto Rey de Reyes donde el Niño Rivera comenzará sus experimentos evolutivos dentro del formato sonero, los cuales le llevarían a aproximarse a las innovaciones que, sin él saberlo, hacían Dizzy Gillespie, Charlie Parker y otros creadores del *bebop* en Nueva York. El Niño experimentaba al incluir pasajes de *bop* en interpretaciones de lo que ya estaba convirtiendo en conjunto, con tres trompetas. Uno de los trompetistas —nos cuenta Leonardo Acosta— « [...] era César *Piyú* Godínez, improvisador de *jazz* y especialista en notas agudas, facultad que aprovechó el Niño para escribir pasajes en que Piyú tocaba una octava sobre la

39. Entrevista a Niño Rivera (entrevistador desconocido), Díaz Ayala Collection, ob. cit.
40. Jesús Blanco Aguilar. Ob. cit., p. 84.

voz prima».[41] Otro nombre ilustre que en la segunda mitad de los cuarenta integró esta formación fue el del tumbador y bongosero Armando Peraza, según refiere el musicógrafo y coleccionista Cristóbal Díaz Ayala.[42]

Los esfuerzos por reconstruir con exactitud la formación del Rey de Reyes han sido infructuosos y, salvo algunas referencias testimoniales, poco más se sabe sobre quiénes fueron los músicos que pasaron por este septeto y luego conjunto, el cual indistintamente también era nombrado, ya a finales de los cuarenta, como el conjunto del Niño Rivera. Tal trayectoria ubica de manera inequívoca, hasta ese momento, las raíces y el desarrollo musical del Niño Rivera en el ámbito del son, del que se nutre y al que aportará más adelante su impronta renovadora. Él vive el auge y desarrollo de los formatos soneros; él mismo, según algunos testimonios de músicos, es el primero en introducir dos trompetas en el formato sonero de septeto —presumiblemente con el Rey de Reyes—, lo cual es difícil de corroborar ante la ausencia de grabaciones de su septeto-conjunto en esos años de la primera mitad de los cuarenta.

El Niño Rivera conocía a Arsenio Rodríguez y presenciaba los cambios que este iba incorporando y que serían trascendentales para el desarrollo de la música popular cubana. Arsenio mantuvo el tres como instrumento fundamental —acompañante y solista— en sus conjuntos, pero introdujo innovaciones decisivas, según apunta acertadamente Leonardo Acosta: consolidó el piano como instrumento armónico principal, en lugar de la guitarra; adicionó la tumbadora dentro de la sección rítmica —aunque algunos estudiosos señalan, sin mayores pruebas definitorias, que fue en el Septeto Afro-Cubano de Santos Ramírez donde primero apareció este instrumento—;[43] y propició «la aparición del arreglista (necesaria al consolidarse una sección de tres y hasta cuatro trompetas) con el cual van introduciéndose las armonizaciones propias de las *jazz-bands*, aunque al tratarse de una música y un formato distintos, los

---

41. Ibídem, p. 96.
42. Cristóbal Díaz Ayala: *Cuba canta y baila. Enciclopedia discográfica de la música cubana*, FIU, Miami, / Armando Peraza. <http://latinpop.fiu.edu/SECCION05PQ.pdf>.
43. La única foto encontrada del Conjunto Afro-Cubano de Santos Ramírez —que incluye una tumbadora en su formato y exhibe el gallardete de rigor para los formatos soneros de entonces— parece ser la causa de esta afirmación, pues se suele entender que el año que indica el gallardete (1936) es la fecha en la que fue tomada la foto y no la de constitución de esta formación musical, según solía indicarse en estas banderolas soneras.

arreglistas aportarían sus propias innovaciones. Aquí desempeñará un papel fundamental el Niño Rivera».[44]

Ya como Conjunto de Niño Rivera o como Niño Rivera y su Conjunto, entre 1944 y 1949 la agrupación se presenta en emisoras radiales, como la radioemisora CMCK[45] en un segmento propio de 2:00 a 3:00 p. m., entre enero y febrero de 1947.[46] Pero el trabajo no abunda. Es por este tiempo que ocurren dos hechos que marcarán para siempre la vida del tresero: sus respectivos encuentros con los guitarristas Ñico Rojas[47] y Vicente González-Rubiera Guyún.[48] Por su condición autodidacta, ya a esas alturas el Niño se sentía impelido a buscar por las más diversas vías la instrucción musical que sabía necesitaba. Estudia solfeo y teoría con Joaquín González; armonía y transcripción con Ernesto Muñoz Boufartique. Para 1944 toma clases de guitarra y armonía con Guyún,[49]con quien va a establecer un vínculo que sería trascendental para su propio desarrollo musical y su evolución hacia el formato de los conjuntos. Así siempre, agradecido, lo reconocería el Niño Rivera.

Guitarrista excepcional, estudioso e innovador, Guyún fue incorporando la técnica clásica y la armonía contemporánea a la guitarra popular cubana. Él mismo contaría muchos años después:

> Va Ñico Rojas a mi casa y me dice: «maestro quiero que conozca a este hombre que toca el tres, compone lindo y armoniza en una forma»... ¡Se trataba del Niño Rivera! Yo vivía en la Loma de Chaple y cerca de mí vivía Ñico, en la calle Lacret, y me dice: "El domingo por la mañana tengo citados a unos amigos a las 10 de la mañana, si usted pudiera ir, Maestro. Es que quieren

44. Leonardo Acosta: *Un siglo de jazz en Cuba*. Ediciones Museo de la Música, La Habana, 2012, pp. 88-89.

45. La radioemisora CMCK pertenecía a Roberto E. Ramírez y radicaba en Obrapía no. 86, Habana Vieja.

46. *Radio-Guía*, a. XIII, no. 151, La Habana, enero, 1947, p. 73; *Radio-Guía*, a. XIII, no. 152, La Habana, febrero, 1947, p. 73; y *Radio-Guía*, a. XIII, no. 153, La Habana, marzo, 1947, p. 73.

47. Antonio *Ñico* Rojas (La Habana, 3 de agosto de 1921-22 de noviembre de 2008) fue compositor y guitarrista. Ingeniero de profesión, fue uno de los fundadores del filin y autor de uno de sus temas clásicos: «Mi ayer».

48. Vicente González-Rubiera *Guyún* Cortina (Santiago de Cuba, 27 de octubre de 1908-29 de septiembre de 1987) fue guitarrista y pedagogo. Fue notable, entre otros méritos, por sus aportes en la enseñanza de la guitarra.

49. El año 1944 es mencionado por Niño Rivera en la entrevista citada, cuya grabación se encuentra en los fondos de Díaz Ayala Collection, en la Florida International University.

conocerlo". Le dije: "Yo sí voy". Y fui a casa de Ñico. ¡¡Ya Ñico Rojas tocaba!! No como ahora, ni componía lo que componía, pero ya empezaba. Entonces me presenta al Niño y yo oigo al Niño acompañando sus canciones, pero con unos acordes de novena y oncena y trecena, ¡acordes que nada más se pueden lograr en el piano o en la misma guitarra! Aunque lo mutilara un poquito en la guitarra, ¡pero sí da la sensación con sus seis cuerdas! ¡Pero es que el tres nada más que tiene tres cuerdas! No se pueden hacer acordes tríadas. Y oigo aquello ¡y me llama la atención! Y le digo: "Niño, ven acá. Cómo es posible que tú logres esos acordes ahí si no hay tres sonidos, ahí hay acordes de cinco sonidos". Entonces me explica. ¡Qué clase de genio! ¡Qué tacto en los dedos! Claro, las dos cuerdas están junticas, con 2-3 milímetros de separación; entonces como están afinadas al unísono me dice: "Mire yo, con un tacto especial piso una cuerda y dejo la otra libre, formando una tercera, la otra al dejarse libre está formando una tercera y en esa forma formo el acorde grande". Y digo: "¡Qué genialidad la de este hombre!". Y le pregunto: "¿Qué tú estás haciendo?". Y me dice: "Nada. Tengo un conjuntico ahí, pero no hago nada, no tiene popularidad, no me llaman para nada". "¿Y qué tú has estudiado?" –le pregunto–. Y me dice: "Solfeo". Y le digo: "Chico, te convendría… porque ese talento tuyo armónico… debes estudiar la armonía, para que llegues lejos, para que te hagas un arreglista de orquestas, la orquestación"… Y me dice: "Maestro, pero si no tengo recursos para estudiar, fíjate que mi mamá me tiene que dar la pesetica (¡muy fumador de tabacos!) para comprarme el tabaco".

Entonces yo tenía una cuña Buick convertible y le digo: "Chico, yo te voy a enseñar la armonía". Vivía yo en la Loma del Chaple y él en El Cerro. Entonces yo iba con Concha y mi cuña[50] a buscarlo a su casa, lo traía, empezábamos a las 9, nos sentábamos en la mesa del comedor y yo a darle la clase de armonía al

43

---

50. Se trata de un tipo de automóvil, muy popular en Cuba en los años cuarenta y cincuenta (N. del A.).

Niño y llegaban las 12 y la 1 y seguía yo dándole clases y el Niño recogiendo todo aquello como una esponja, copiando, copiando, asimilando… ¡¡Qué bárbaro…!! No una vez a la semana… ¡¡Tres veces a la semana!! Lo iba a buscar y lo llevaba a su casa en la máquina. Ya muchas veces iba y le llevaba el tabaco. Venía a mi casa, tomaba café y prendía su tabaco para aprender armonía. Se hizo tremendo armonista. Después le aconsejé que aprendiera orquestación, y estudió orquestación con [Félix] Guerrero.[51]

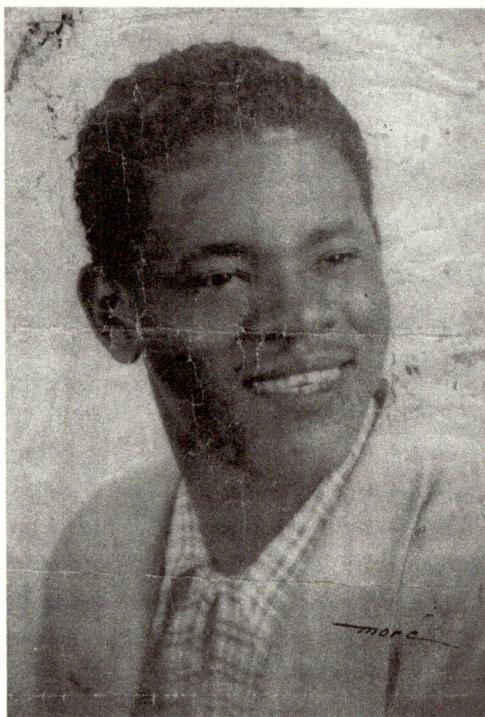

Niño Rivera en los años cuarenta
Fotografía: Cortesía Mario Echevarría Cruz

---

51. Vicente González-Rubiera Guyún. Entrevista por Radamés Giro. La Habana, s. f.

Con René Alvarez y su conjunto Los Astros

René Alvarez es una de las voces soneras más rotundas que se recuerden. En los años treinta ya se hacía sentir cuando cantaba con la orquesta Godínez, el conjunto Gloria de Cuba y otras formaciones; pero su mayor popularidad en esos años la alcanzó con La Carabina de Ases, conjunto sonero dirigido por el trompetista Félix Chappottín. Al romperse La Carabina, René Alvarez pasó a integrar, como cantante, el Conjunto de Arsenio Rodríguez y es él quien grabó, como cantante solista, el famoso son «El reloj de Pastora». En 1948 decidió comenzar a construir su carrera en calidad de solista creando su propia formación: convocó a músicos de primera, como Juanito Roger, trompetista del Conjunto de Arsenio y creó Los Astros. El primer éxito demostró que René Alvarez tenía un sello propio: fue un son montuno de Andrés Díaz, «Déjame tranquilo». El conjunto permaneció trabajando durante cinco años y entre 1948 y 1950 realizaron un buen número de grabaciones.

En las notas al LP *Déjame tranquilo*, que compila algunos de los temas grabados en aquellas sesiones —publicados inicialmente en formato de 78 rpm y en los que participaron otros importantes músicos como Miguelito Cuní y Sabino Peñalver, entre otros—, los productores René López y Andy Kauffman indican que el Niño Rivera fue el tresero de la formación de René Alvarez para estos registros fonográficos e, incluso, que estuvo entre los que iniciaron el conjunto Los Astros.[52] René López destaca lo avanzado para su tiempo de las propuestas armónicas del Niño Rivera en estas grabaciones, en particular en el solo del tema «Yo soy congo».[53] López, en una entrevista realizada por la autora, confirmó la participación del Niño Rivera y su tres en estas grabaciones, recogidas en el citado LP, y que pudo ratificar, en uno de sus viajes a Cuba, en entrevista personal con el propio Rivera.[54]

---

52. Cristóbal Díaz Ayala. Ob. cit. Véanse también notas de René López y Andy Kaufman al LP *Déjame tranquilo.*
53. René López. Conversación telefónica con la autora, 7 de enero de 2019.
54. René López. Entrevista telefónica por la autora, noviembre de 2018.

El conjunto Modelo

Inquieto siempre, aferrado al formato de conjunto y con disímiles trabajos en paralelo, el Niño Rivera —junto al tumbador Félix *Chocolate* Alfonso, quien había tocado en el conjunto de Arsenio Rodríguez y también en Los Astros de René Álvarez— funda cerca de 1952 el Conjunto Modelo, al que suma a antiguos integrantes del conjunto que Arsenio dejó en La Habana cuando decidió establecerse en los Estados Unidos y que ahora dirigía el trompetista Félix Chappottín. Hablo del cantante Conrado Cepero, del trompetista Cecilio el Yuco Serviá, del bongosero Antolín *Papakila* Suárez, del cantante Pedro Luis Sarracent, del guitarrista y segunda voz Chicho Fresneda, del pianista David Palomares —estos últimos se habían alineado en Los Astros de René Alvarez.

El conjunto Modelo, con Miguelito Cuní como cantante principal, grabó cuatro temas el 27 de octubre de 1953, según fecha aportada por Cristóbal Díaz Ayala. Aunque para esa fecha, al parecer, el Niño Rivera seguía en el conjunto, no se le consigna entre los músicos que participaron en la grabación, según las notas a los CD *Conjunto Modelo. Guaguancó en La Habana* y *Conjunto Modelo*; tampoco se aprecia su tres en estos registros.[55]

El Niño Rivera, quien llevaba la dirección musical del conjunto, permanece en el Modelo aproximadamente hasta 1954, que es cuando sus labores como arreglista y compositor se hacen más demandantes y siente que debe dedicarse a ellas sin limitaciones. En su lugar, Chocolate Alfonso contrataría a otro renombrado tresero: Ramón Cisneros, Liviano.[56] En paralelo, continuaba trabajando con su propio conjunto, cuya formación era todo lo flexible que requerían sus necesidades creativas. Esto complica cualquier intención investigativa de establecer la nómina exacta de los cantantes e instrumentistas con los que el Niño trabajó en ese período y a lo largo de su carrera musical.

---

55. Referencia TCD-59 Tumbao Cuban Classics: *Conjunto Modelo. Guaguancó en La Habana*. Se trata de los boleros «Mi propia sangre» y «Nos estamos alejando»; la guaracha «Cantando» y el son montuno «Viejo socarrón».
56. Notas al CD *Conjunto Modelo*. Serie «Legends of Cuban Music». Sello Nostalgia for Cuba. G50 5028.

EL FILIN Y LA REVOLUCIÓN DE LOS CONJUNTOS

A fines de la década de los cuarenta del pasado siglo, un grupo de muchachos y muchachas, la mayoría de procedencia obrera, y con la pasión por la música como denominador común, comenzó a reunirse guitarra en ristre y con muchas ganas de cantar, para intercambiar composiciones y descargar. Los sitios de encuentro eran, esencialmente, la casa del trovador Tirso Díaz, con sus hijos Angelito y Tirso como anfitriones, y las de los compositores Luis Yañez, en el solar que ocupaba el número 462 de la calle Zanja, entre Belascoaín y Lucena, y Jorge Mazón, en Marqués González 506 entre Pocito y Jesús Peregrino. Estos muchachos, influidos fuertemente por la música norteamericana y, en particular, por las bandas de *jazz* de los años cuarenta y sus cantantes, estaban creando un nuevo modo de componer, de expresar los sentimientos y vivencias, y de decir la canción. Ellos mismos declaraban que cantaban y componían «con *feeling*», apelando a aquella frase de un tema de la norteamericana Maxine Sullivan que tanto les gustaba, para hablar del estado de gracia en que afloran sin detenerse los sentimientos. Eran los «muchachos del filin». Esta inquietud renovadora y de avidez por la música quizás tendría un antecedente en los encuentros tipo descarga que la compositora y pianista Isolina Carrillo organizaba en su casa y en los que también participaban Paulina Álvarez, Dandy Crawford, el saxofonista Virgilio Vixama y el contrabajista Alfredo León.

El Niño Rivera siempre responsabilizaría a Ñico Rojas por su llegada al grupo del filin:

> Ñico Rojas, gran amigo mío, me oyó tocar una vez el tres y se volvió loco. Me dijo: «¡Yo nunca había escuchado a nadie tocar el tres de la forma como este hombre lo toca!». Entonces me dijo: «Te voy a llevar a conocer a la gente del *feeling*» —recordaría Niño Rivera—. «¿Tú no sabes quiénes son la gente del *feeling*?». Le dije que no, que no los conocía y me dijo: «Esa gente está haciendo unas canciones distintas a todas las canciones

que se están oyendo por ahí». Entonces me llevó al Callejón de Hamel. Conocí a Angelito Díaz, a Tirso su hermano, al papá de Angelito... César Portillo de la Luz, que era pintor de brocha gorda... el día que Ñico me lleva a conocer a Angelito, al poco rato llega César todo embarrado de pintura... flaco en el hueso, porque estaba pasmao, con mala situación económica, comiéndose un cable de 200 voltios; venía de pintar una casita por unos centavos con los que comió ese día... Eso da una idea de la situación en que estábamos la mayoría ahí... Me presentaron a César, quien agarró la guitarra y empezó a tocar, y me quedé encantado... él me escuchó a mí... Y desde ese momento, empecé a tener relaciones con la gente del *feeling*. Desde luego, que la gente del *feeling* no se reducen a estos nombres que yo he mencionado: estaban también Rosendo Ruiz [Quevedo], Roberto Jaramil, la difunta Aida Diestro, Omara Portuondo, Elena Burke, Frank Emilio, José Antonio Méndez... muchos más del grupo del *feeling*. Y empezó a venir la simpatía por esa música.[57]

Ninguno de los que han testimoniado a lo largo del tiempo recuerda exactamente cuándo llegó el Niño Rivera a aquellas tertulias musicales. Rosendo Ruiz Quevedo afirma que apareció allí por casualidad y que ya nunca más dejó de asistir.[58] El Niño no se perdía esas descargas. Allí probablemente quedó sedimentado su inveterado gusto por este tipo de encuentros musicales, de tertulias alegres llenas de música. Aquel era un grupo increíble: participaban los trovadores José Antonio Méndez, César Portillo de la Luz, Jorge Mazón, Rosendo Ruiz Quevedo, Ángel Díaz, Luis Yáñez, Ñico Rojas, Rolando Gómez, Armando Peñalver, Roberto Jaramil, Enrique Pessino, Giraldo Piloto; los guitarristas Elías Castillo, Manuel Herrera Dreke, Octavio Sánchez Cotán; y los pianistas Frank Emilio Flynn, Bebo Valdés, Isolina Carrillo, Enriqueta Almanza y Aida Diestro. También llegaban Marcelino Guerra Rapindey, Vicentico Valdés —cuando era cantante de la orquesta

---

57. Niño Rivera en programa televisivo *Te quedarás*, ob. cit.
58. *Gloria de la música cubana. El Niño Rivera.* Dir. Belkis Olivares Martínez. Cubavisión Internacional, La Habana, 2003.

Cosmopolita, de Vicente Viana—, Miguelito Valdés —cuando permanecía en Cuba—, Dandy Crawford, entre otros. Acudían igualmente otras muchachas, como Omara Portuondo, Elena Burke y Grecia Domech, con quien el Niño Rivera establecería un vínculo especial que fluía siempre de la música:

> Fuimos catorce los fundadores del feeling [contaría Antonio Ñico Rojas]. Otros dicen que son dieciséis, otros que son trece…, yo pienso y comparo que fue en los años en que estudiaba la carrera de Ingeniero Civil… que fue en 1942 y tengo buena memoria para acordarme con todo respeto y cariño de todos los compositores fundadores. El Niño se apareció solo, porque él vino de La Coloma, Pinar del Río, tocando un tres monstruoso, tanto que en esos momentos no había treseros como él. La profundidad que hacía en la armonía que él expresaba en su música… entonces nosotros decíamos: "Oye, ¿oíste al bárbaro ese lo que está tocando?". Y recuerdo que él empezó con el sexteto Bolero de Tata [Gutiérrez], y también con [el septeto de Alfredo] Boloña, que son dos grandes del son, pero el Niño Rivera, dentro del son, sacaba el feeling que trajo él de Pinar del Río.[59]

49

Rememorando aquellos años, tiempo después, el tresero, en entrevista con el musicólogo Félix Contreras, subrayaría un aspecto importante en la historia del filin:

> Se ha hablado muy poco sobre la Mil Diez[60] y es la emisora radial, para mí, que más y mejor divulgó, promocionó tanto el feeling como toda la música cubana en general, culta o popular… Esa emisora radial del Partido Socialista Popular nos dio mucho campo, mucha ayuda en la década del 40. Allí, el que tenía talento, el que valía, tenía un chance para hacer su arte, su trabajo. Bueno, estaba dirigida por gente de puntería: Ibrahim Urbino, Honorio Muñoz, Manolo Ortega –a quien le decíamos Míster Feeling–,

---

59. Luis Yáñez, Ramiro de la Cuesta y Rosendo Ruiz Quevedo: «El feeling, un momento estelar en la música popular cubana» (inédito), citado por Leonardo Acosta: ob. cit., p. 95.
60. Emisora radial del Partido Socialista Popular (Comunista) cubano, que existió entre 1943 a 1948.

y Lázaro Peña, que iba mucho por allí y nos hablaba de buen arte y buena literatura, y nos decía: "Cojan por aquí, cojan por acá", con muy buenos consejos. Imagínate, nosotros, los muchachos del feeling, estábamos escachaos, hechos tierra, y se nos abren las puertas de la Mil Diez y ya la miseria no era tan fea. [...] Esa es la primera etapa del feeling, cuando nosotros pasábamos las de Caín, caminando toda La Habana a pie, pasando un hambre del carajo, sin un centavo. Mira, a veces para juntarnos o llegar a la Mil Diez, con la guitarra debajo del brazo, caminábamos un carajal... [...]. Después, ya después los filineros empezamos a ser conocidos y la cosa nos mejoró un poquito.[61]

De entre las muchachas que solían asistir a las reuniones del filin, el Niño Rivera entabló una especial relación con la joven compositora Grecia Domech,[62] una de aquellas hermanas de estirpe musical y con nombres geográficos.[63] Grecia cantaba y tocaba

61. Félix Contreras. Ob. cit., p. 55.
62. Grecia Domech (La Habana, 25 de octubre de 1921-18 de enero de 1955).
63. Las hermanas Domech, todas vinculadas en mayor o menor medida a la música, eran ocho: Gloria Enma, Patria, Libertad, Francia, Grecia, África, Bélgica y Asia. De ellas tres han sido compositoras: Grecia, Francia y África.

guitarra, pero quiso aprender a tocar el tres y fue el Niño Rivera quien le enseñó los rudimentos esenciales del instrumento, según contó su hermana Francia Domech: «¡Muchas personas llegaron a confundir el sonido de Grecia en el tres con el de Niño Rivera! ¡Tan bien llegó a asimilarlo! Grecia, sin dudas, era la más inspirada, era la mejor de nosotras», afirmaba Francia casi a punto de cumplir cien años. Y continuaba: «Grecia fue la única de nosotras que se vinculó al grupo del *feeling*. Ella se casó muy joven y enviudó rápidamente. Ya después pudo hacer su vida, era independiente, tocaba incluso con orquestas de hombres y podía frecuentar ese tipo de reuniones».[64]

La que es, probablemente, la más conocida obra de Grecia Domech —el bolero «No serás de mí»— pudo haberse motivado por ese vínculo y, según algunas fuentes, fue, presumiblemente, una especie de sentida respuesta al bolero «Tú y mi música», escrito por el Niño Rivera y, al parecer, inspirado por Grecia. Francia Domech así lo afirma: «El Niño le hizo canciones a Grecia, pues ellos tuvieron sus amoríos, eso era conocido. Y de las canciones que compuso Grecia esa es la que más se conoce: "No serás de mí": *Fue tu amor una mentira / todo fue un engaño y mi pobre vida se nubló de llanto / porque jamás tú serás mío eternamente*. Ese bolero fue grabado por varios conjuntos y solistas».[65] Grecia Domech moriría poco después, joven aún, fulminada por la cirrosis hepática, y de alguna manera quedaría vinculada a las figuras femeninas de la vida sentimental del Niño Rivera, todas dentro de la música: las cantantes Esther Cruz y Elisa Portal.

«Tú y mi música», del Niño Rivera, es una de las obras insignias del movimiento del filin en su etapa primigenia: en su letra, se abandona el texto idílico que caracterizó el cancionero de las décadas anteriores para cantarle a la vivencia cotidiana y a sentimientos realmente posibles entre dos seres humanos; en lo musical, la extraordinaria complejidad armónica y el lirismo marcan un sello que continuará presente en las posteriores composiciones del gran tresero.

Cuando el Niño Rivera asistía, como uno más, a los encuentros de los muchachos del filin, ya era famoso entre el grupo su

---

64. Francia Domech. Entrevista por la autora, La Habana, 30 de junio de 2018.
65. Ibídem. El bolero «No serás de mí» tuvo con la interpretación de Fernando Álvarez y con Nelo Sosa y su Conjunto Colonial sus primeras grabaciones.

afán de incesante aprendizaje y retroalimentación: además de las remembranzas de Ñico Rojas y del propio Guyún acerca de las clases recibidas de este último, también César Portillo de la Luz destacaba el modo en que el Niño Rivera se aproximó al Tratado práctico de armonía de Rimsky-Korsakov,[66] su profundización en el conocimiento del *jazz* y la música norteamericana, y su propia intuición armónica, lo que le permitieron comenzar su labor como arreglista y orquestador. Según Ñico Rojas:

> [...] empezó a dar clases con Guyún y se convirtió en un grande, grande, grande, grande de la música. Ya no tocaba como cuando él vino de allá de Pinar del Río, sin pulir, diría yo... A veces él decía que hacía disparates y yo le decía: «Esos disparates son la genialidad tuya». Sigo avanzando con él y yo tenía una buena colección de conciertos de piano, guitarra y violín y aquí en esta sala me pasé tres domingos desde por la mañana hasta casi entrada la noche, oyendo conciertos con él.[67]

El único tresero del movimiento filinero era el Niño y ya a esas alturas podría decirse que era también el único tresero que había expandido su accionar más allá de los límites de lo trovadoresco, la guaracha y el son, pues había asaltado con su instrumento los predios del bolero y la canción, tal y como la proponían los compositores del filin: César Portillo de la Luz, José Antonio Méndez, Ñico Rojas, Rosendo Ruiz Quevedo, Ángel Díaz y Tania Castellanos, quienes, en opinión de Radamés Giro, "son, entre otros, los compositores del *feeling* que completan la fase germinativa, de desarrollo y madurez, de este 'momento' de la canción cubana".[68]

Para Efraín Amador,

> [...] no era solamente que él podía conocer y tocar eso, sino que tenía los conocimientos teóricos para

66. Nikolai Rimsky-Korsakov (Tijvin, San Petersburgo, 18 de marzo de 1844-Luga, San Petersburgo, 21 de junio de 1908; antiguo Imperio Ruso). Compositor, músico, director de orquesta y pedagogo. Entre sus obras didácticas ha sido muy difundido su *Tratado práctico de armonía*, que tuvo su primera edición en ruso en 1885, y en 1947 la primera edición en español, publicada por Ricordi Americana S.A.E.C.

67. *Gloria de la música cubana. El Niño Rivera*. Dir. Belkis Olivares Martínez. Cubavisión Internacional, La Habana, 2003.

68. Radamés Giro. *El filin de César Portillo de la Luz*. Ediciones Unión, La Habana, 2001, p. 36.

escribirlos, para llevarlos al pentagrama e incluirlos en las orquestaciones que hacía.[69]

Ya el Niño en ese tiempo tenía el Rey de Reyes, y la simultaneidad de su accionar en el conjunto sonero y en el ámbito del filin traería sin dudas dividendos extraordinarios y decisivos para ambos espacios.

Niño Rivera a finales de los cuarenta
Fotografía: Cortesía Mario Echevarría Cruz

Para el Niño Rivera, el filin se resumía en un razonamiento:

> Es que nosotros no estábamos en que lo viejo, que lo nuevo, que lo americano. No, nosotros echamos mano a todo, a toda la música, vieja o nueva. Música buena y ya. Y ahí tienes, el *feeling* está fresquecito hoy con ese montón de preciosas canciones, sones, chachachás y hasta mambos.[70]

Los aportes del Niño dentro del grupo del filin se aprecian no solamente en las composiciones que aquel período aportó a su catálogo autoral, sino también en su papel como arreglista.

---

69. Efraín Amador. Entrevista por la autora, La Habana, 9 de febrero de 2019.
70. Félix Contreras. «El Niño puso filin al tres», fuente y fecha desconocidos. Consultada en el archivo del Museo de la Música.

A fines de los cuarenta se produce uno de los grandes aconte-
cimientos musicales de la década: la revolución en el formato instrumental de los septetos y el surgimiento y auge de los llamados
conjuntos, con Arsenio Rodríguez como principal responsable;
este, además de incorporar el sonido de varias trompetas, introdujo la tumbadora y el piano como elementos rítmico-armónicos.
Para la compositora Marta Valdés:

> [...] una comprensión cabal no sólo del aporte realizado
> por Arsenio a la música cubana sino de lo concerniente
> al fenómeno del conjunto, se desprende de la clara
> exposición que nos ofrece el musicólogo Leonardo
> Acosta al respecto. De su lectura se deducen algunas
> conclusiones verdaderamente útiles para entender
> el aporte de los conjuntos a la música de esos años, y
> muy especialmente al bolero. Por ejemplo, el relieve que
> toma la figura del arreglista a partir de ese momento en
> nuestra música popular; su papel como promotor de
> algunas zonas de la canción que no habían conseguido
> abrirse paso todavía; el criterio de calidad que se
> imponía en los conjuntos para introducir determinada
> pieza en un repertorio como el de estas agrupaciones
> que, por lo general, estaba destinado a interpretarse por
> músicos de talento probado, jazzistas en algunos casos,
> quienes, al tocar lo que estaba escrito en las partituras,
> buscaban en ellas más allá de las exigencias de una
> impecable lectura, oportunidades para destacarse. Ello
> solo podía conseguirse a partir de un trabajo orquestal
> bien concebido. Sobre esta premisa se hizo realidad,
> por fin, la presencia del feeling –muy a finales de la
> década de los cuarenta y al comienzo de la siguiente–
> cuando el Conjunto Casino, en la voz de Roberto Faz,
> lo puso en órbita a una escala y con una frecuencia
> que le permitieron darse a conocer en toda la Isla, y
> comenzar a influir en oídos y sensibilidades jóvenes,
> cuya receptividad les daba derecho a encontrarse con
> aquella expresión verdaderamente novedosa en el
> ámbito del bolero, nacida –por demás– de unos músicos
> cubanos, jóvenes también, que ya llevaban más de un

lustro luchando por hacerse escuchar. Fue así como irrumpieron los boleros "Realidad y fantasía", de César Portillo de la Luz, y "Quiéreme y verás", de José Antonio Méndez, con arreglo de uno de los pioneros de aquel movimiento, convertido ahora en su gran promotor, Andrés Echevarría (el Niño Rivera).[71]

Los compositores Luis Yáñez, Ramiro de la Cuesta y Rosendo Ruiz Quevedo, quienes eran parte del movimiento del filin y su entorno, dejarían algunos textos manuscritos, nunca editados, pero de importancia crucial para conocer y comprender sus propias valoraciones de aquel tiempo en que ninguno sabía ni pensó que estaban escribiendo una importante historia musical. Para ellos: «La renovación rítmico-armónica del son tiene dos grandes innovadores: Arsenio Rodríguez y el Niño Rivera. Del Niño pudiera decirse que constituye el puente vivo por el cual el *feeling* se enlaza con el son. Fueron sus arreglos para conjunto y banda de *jazz* los que llevaron el estilo *feeling* a conjuntos bailables como el Casino, Roberto Faz y el suyo propio».[72] Mientras que el tresero Pancho Amat, al referirse al aporte del Niño Rivera en este sentido, asegura:

> [...] era un músico integral: participa en la fundación del feeling y si el Niño no hubiese existido no sé hasta qué punto el feeling inicial estuviera todavía acorralado en el Callejón de Hamel, porque es el Niño quien coge todo aquello y empieza a orquestarlo y ahí están los éxitos del Conjunto Casino con esos temas. Hay una deuda grande que tiene la canción cubana con el Niño Rivera, no solo el feeling: la canción cubana. ¡Un orquestador tremendo![73]

71. Marta Valdés en VV. AA., *La canción en Cuba a cinco voces*. Ediciones Ojalá, La Habana, 2017, pp. 206-208.
72. Luis Yáñez, Ramiro de la Cuesta y Rosendo Ruiz Quevedo. Ob. cit., p. 89.
73. Pancho Amat. Entrevista por la autora. Teatro Nacional, La Habana, 27 septiembre de 2018.

El Conjunto Casino. El Niño arreglista

Nadie lo pone en duda: los arreglos del Niño Rivera para el Conjunto Casino marcaron un punto de giro en la historia de la agrupación, sobre todo porque hicieron posible la transformación cualitativa de su sonoridad, en la que el público melómano y bailador supo apreciar y agradecer la influencia de las grandes bandas norteamericanas, particularmente en las armonías que aseguraban un papel destacado a las trompetas y al piano. Por si esto fuera poco, el Niño Rivera y el Conjunto Casino serían responsables de otro momento crucial: el reconocimiento popular de los principales compositores del movimiento del filin. No se sabe quién fue el que comenzó a llamarles así, pero bajo el paternalista apelativo de «los muchachos del filin» ellos enfrentaban el no oculto desprecio de muchos de los compositores establecidos, que intuían el peligro y la competitividad; y también enfrentaban sus veladas acciones para impedir, con respaldo de las editoriales tradicionales de música en Cuba —por ejemplo, Peer Music, Southern—, el acceso de las obras filineras a los medios de difusión.

«Los muchachos de Belén». Primer arreglo de Niño Rivera para el Conjunto Casino.
Disco Panart 78 rpm
Fotografía: Cortesía René Espí Valero

La labor arreglística del Niño Rivera con el Conjunto Casino se inicia a finales de 1948 con el trabajo que hiciera para «Los muchachos de Belén», una guaracha-*swing* del pianista Adolfo O'Reilly y del trompetista Félix Chappottín. Y abarcó más de una década. En 1949 el Conjunto Casino graba «Átomo» (Panart 1237-B), obra escrita por el Niño Rivera en coautoría con Luis Yáñez y con arreglo del propio Niño. Allí aparecía la voz de Roberto Faz y el Conjunto Loquibambia Swing, entonces bajo la dirección del pianista Frank Emilio Flynn y que tenía en los coros, entre otros, a José Antonio Méndez y a una muchacha que por aquel tiempo se hacía llamar Omara Brown y que estaba registrando, probablemente, su primera grabación comercial, mucho antes de que fuera conocida por su verdadero nombre: Omara Portuondo.

Robertico Álvarez, *Santa Amalia*, pianista del conjunto entre 1947 y 1951, diría años más tarde:

> Fue un palo, porque salía de las normas de la guaracha. Anteriormente, [Alberto] Armenteros hacía los arreglos, pero no había parte de piano ni de bajo. Era difícil: se hacía necesario armonizar lo hecho por él. Ya empezamos a trabajar con eso cuando Andrés Echevarría, 'El Niño Rivera' comienza a crear la carpeta del Casino como orquestador".[74]

57

Los nuevos arreglos del Niño, además del bajo y piano, y sobre todo en los boleros, incluyen algunos interludios para la primera trompeta.

«Átomo» saldría publicado en 1949 en el disco P-1199 de 78 rpm con el tema «Amor de medianoche», del autor Orestes Santos, en la otra cara; pero problemas insalvables entre Santos y la casa discográfica provocaron la rápida retirada de este fonograma de tiendas, victrolas y emisoras radiales; con la posterior y rápida inclusión del tema del Niño Rivera y Luis Yáñez en el disco con referencia P-1237, al tiempo que se sustituía la problemática pieza en el reverso por la versión en español del tema norteamericano «Again» (Newman-Cochram), que escribiera el pianista Rey Díaz Calvet.

---

74. Gaspar Marrero Pérez-Urría. *Los campeones del ritmo. Memorias del Conjunto Casino*. Ediciones CIDMUC, La Habana, 2014, p. 165.

René Espí Valero, músico, productor e investigador, e hijo de Roberto Espí, comenta sobre la irrupción del Niño Rivera en los arreglos para el Conjunto Casino:

> Aún se recuerdan las discrepancias creativas entre Alberto Armenteros y Niño Rivera: Armenteros bordó con el sonido pastoso de su instrumento, muy similar al del jazzista Harry James, el timbre del Casino de los años cuarenta, pero limitado con arreglos donde sólo se incluían los metales. El Niño Rivera, por su parte, oxigenó la sonoridad del grupo con trabajos armónicos realmente innovadores, llegando esta confrontación a un punto irreversible en 1954 alrededor del arreglo que hiciera Rivera del famoso bolero «Ya no me quieres», de la mexicana María Grever. [75]

«Átomo». Niño Rivera-Luis Yáñez) por el Conjunto Casino y Loquibambia Swing,
en arreglo de Niño Rivera
Fotografía: Cortesía René Espí Valero

Los nombres de César Portillo de la Luz y José Antonio Méndez comenzaron a ser conocidos y reconocidos gracias a las interpretaciones de sus boleros profundos y rupturistas en las voces de Roberto Espí, Orlando Vallejo o Roberto Faz, y que hoy integran

75. René Espí. Entrevista por la autora, La Habana, 31 de mayo de 2018.

la discografía más relevante de este movimiento creador en su primera etapa, y también del mítico Conjunto Casino.

Con acierto, Marta Valdés recuerda:

> Claro que no era el arreglista, ni siquiera alguno de los músicos ejecutantes o el cantante mismo, quienes decidían arriesgarse con un lenguaje novedoso, en un momento en que no podían descender los índices de popularidad alcanzados a base de tanto esfuerzo. En todo esto, había que contar no solo con eso que literalmente pudiéramos llamar "la voz cantante", sino también con el músico que asumía el papel de director y que, en el caso del Conjunto Casino, resultaba ser Roberto Espí, un cantante de timbre muy personal, especialmente exigente en cuestión de repertorio, quien había estado a la cabeza del grupo desde sus inicios y –no por gusto– había bebido en la fuente de la mejor canción de los cuarenta cuando –de gira con el conjunto– coincidiera, por una larga temporada, con Mario Ruiz Armengol y su orquesta en el cabaret de México donde ambas agrupaciones alternaban.[76]

La percepción de los autores de esas piezas es lapidaria. César Portillo de la Luz recordaba:

> Cuando Niño Rivera llegó al grupo nuestro y se incorporó al grupo del *feeling*, ahí él fue el primero que arregló la música de José Antonio Méndez, de Ñico Rojas y la mía para el Conjunto Casino. Y fue un momento también de una gran contribución a la evolución artística del Conjunto Casino, que era uno de los más connotados en ese momento, pero ya con los arreglos del Niño, el Casino alcanzó un nivel de modernización no alcanzado hasta ese momento por ningún otro conjunto. Y a partir de ahí es que se destaca la inserción del Niño Rivera en el grupo como el arreglista fundamental y primero de la música nuestra para las grabaciones con el Conjunto Casino.[77]

---

76. Marta Valdés. *La canción en Cuba a cinco voces*. Ob. cit., p. 208.
77. *Gloria de la música cubana. El Niño Rivera*. Dir. Belkis Olivares Martínez. Cubavisión Internacional, La Habana, 2003.

De lo que vivían en aquellos años y de cómo llegaron sus canciones al Casino, contaría José Antonio Méndez a Marta Valdés:

> Entonces cuando se escuchaba una canción con la línea esa armónica, se decía: "Esa es una composición de los locos esos del *feeling*, y tuvimos nuestros problemitas. Entonces sucedió que en el Conjunto Casino un día hablando con Roberto Faz –estaba [Roberto] Espí también–, figúrate, llegaba uno con su complejo, el Casino estaba en su apogeo y llegaba uno con su complejo y yo me decía: "¿Cómo le entro a Faz?". Y él con una naturalidad, una sencillez, me dijo: "Ven acá, vamos a oír eso que tú traes" y yo le canté "Soy feliz", que luego la llamaban "Soy tan feliz" y me dijo: "Me gusta eso, te lo voy a grabar". Dígole: "Bueno". Entonces la transcripción la hizo el Niño [Rivera], que hizo también el arreglo… y es de donde vienen ya los contactos de los arreglos que empieza a hacer el Niño Rivera para el Conjunto Casino. Ya el Conjunto Casino tenía su personalidad, al principio tenía dos trompetas y entonces surgen las tres trompetas, que es cuando empieza a hacer los arreglos el Niño y es la época en que entran las cosas de César [Portillo de la Luz] también después; me hacen "Quiéreme y verás", "Tú mi adoración", y Espí me hizo también "Cuando lo pienses bien" y "Ayer la vi llorar".[78]

El propio René Espí Valero se detiene en los antecedentes de este proceso:

> A finales de 1944, el Casino ya tenía tres trompetas: Miguel Román, Alejandro el Negro Vivar y Alfredo *Chocolate* Armenteros, y los aportes que habían hecho con arreglos bien completos el pianista Agustín Mercier («Entre espumas») y el Negro Vivar («El telefonito») además de las ideas de Armenteros escritas exclusivamente para la sección de metales, apuntaban a la línea progresiva del grupo. No hay que olvidar que para el Casino arregló también Frank Emilio («Candilejas»), pero esta cualidad del grupo adquiere mayor solidez cuando mi viejo contrata

78. Marta Valdés. *Donde vive la música*. Ediciones Unión, La Habana, 2004, p. 60.

con carácter de arreglista principal a Niño Rivera.[79]

Se inicia así, en 1949, la trascendental incursión del Niño Rivera en la transformación de la sonoridad del conjunto insignia entre los llamados «conjuntos de blancos».[80] A propósito de esta clasificación popular de claro sentido racista, Espí Valero apunta:

> El Casino tocaba en las sociedades de negros y mulatos, o sea, donde lo contrataran. Entre los músicos del Casino no hubo jamás repulsa ni discriminación hacia sus compañeros negros. De hecho fue Chappottín, amigo de mi viejo, quien le presentó una madrugada, durante una de sus muchas descargas en el bar OK, de Zanja y Belascoaín, al Niño Rivera, que por esas fechas también se relacionaba con otro amigo de mi padre: el líder sindical Lázaro Peña. Una anécdota de Rolito refuerza esta idea: siempre contaba que la primera vez que pudo ver al Casino en su pueblo, fue detrás de una reja porque todos los años los contrataba una sociedad de negros y mulatos que había en Nuevitas.[81]

61

A los arreglos realizados a los temas «Los muchachos de Belén» y «Átomo» le seguirían los arreglos del Niño a los boleros «Cuando lo pienses bien» —también de José Antonio Méndez y en la voz de Roberto Espí— y el monumental «Realidad y fantasía» —de César Portillo de la Luz y en la voz de Roberto Faz—,[82] grabados en octubre del mismo año e igualmente para el sello Panart, con lo cual salieron de inmediato a la venta en disco de 78 rpm.

El año 1951 sería también pródigo en cuanto al aporte del Niño Rivera al Conjunto Casino. Comenzando enero, el Casino grabó otro bolero de César Portillo de la Luz con arreglos del Niño:

---

79. René Espí Valero. Entrevista por la autora, 21 de marzo de 2019. Vía correo electrónico.
80. Son muchos los músicos de aquella época que se refirieron, en entrevistas y conversaciones, a la existencia de una demarcación que distinguía a los «conjuntos de negros» de los «conjuntos de blancos», de manera que se consideraba a los primeros con un sonido mucho más fuerte, definido, más "macho". Entre los primeros, el de Arsenio Rodríguez tendría la supremacía; mientras que el Casino retenía la corona de los segundos.
81. René Espí Valero. Entrevista por la autora, 21 de marzo de 2019. Vía correo electrónico.
82. Referencia Panart 1321. Por la otra cara: «Felipe Blanco (sucu sucu)» (E. Grenet). Datos tomados de José Reyes Fortún: ob. cit., pp. 104-105.

«Nuestra canción».[83] En junio, Roberto Faz, como uno de los cantantes solistas del Casino, grabó el bolero «Tú, mi adoración»[84] y Roberto Espí lo hizo con «Ayer la vi llorar», ambos de José Antonio Méndez[85] y orquestados por el Niño Rivera. En todos estos casos se trata de grabaciones que hoy son míticas y las obras han devenido íconos del bolero latinoamericano.

Según René Espí Valero fueron muchos más los arreglos que hizo en los primeros años el Niño Rivera para el Conjunto Casino, a solicitud de su padre, Roberto Espí: «No te desesperes» (Isolina Carrillo), «Perdido amor» (César Portillo de la Luz), «Guaguancó a Luyanó» y «Agua fría aquí» (Cristóbal Dobal), «Soy feliz» (José Antonio Méndez), «Eres mi felicidad» (del propio Niño Rivera), «Cielo y sol» (Juan Pablo Miranda), «Pensando en ti» (Tania Castellanos), «Naciste para mí» (Pepé Delgado), «No te desesperes» (Isolina Carrillo) y muchos otros. El Niño Rivera también arregló «Romance fuego» (Díaz-Figarola), correspondiente al repertorio del Casino de los primeros años sesenta. En definitiva, fueron muchos los temas arreglados por el Niño Rivera para el Casino y que fueron grabados por el sello Panart y en radioemisoras como CMQ y Radio Progreso. Todos ellos cristalizaron el vínculo formal del Niño Rivera con el conjunto, en materia de arreglos.[86]

El Casino grabó otros temas de la autoría del Niño Rivera; avanzado el primer lustro de los cincuenta, en las populares audiciones de *La onda de la alegría*, fueron parte del repertorio del conjunto los célebres montunos del Niño: «Juan José» y «El Jamaiquino». La presencia del Niño como arreglista principal del grupo fue también el puente idóneo para que las obras de otros compositores del filin llegaran al Casino. En ese sentido hay que señalar los arreglos que hiciera de «Cielo y sol» (Juan Pablo Miranda), «Abstraídamente» (Jorge Mazón), «Rápido cha cha chá» (Francisco Fellove), «Hay que recordar» (Piloto y Vera), «No sé por qué no me quieres» (Numidia Vaillant), «Refúgiate en mí» (Frank Domínguez) y «En nosotros», entre muchos otros.

---

83. Referencia Panart 1354. Por la otra cara: «El baile del pingüino (guaracha)» (E. Duarte). Datos tomados de José Reyes Fortún: ob. cit., p. 106.
84. Referencia Panart 1383. Por la otra cara: «La cosa (guaracha)» (Charles Grian). Datos tomados de José Reyes Fortún: ob. cit., p. 108.
85. Referencia Panart 1383. Por la otra cara: «El baile del tirabuzón (guaracha)» (Rivas). Datos tomados de José Reyes Fortún: ob. cit., p. 108.
86. Datos aportados por René Espí Valero especialmente para este trabajo.

La relación entre el Niño Rivera y Roberto Espí continuó y se consolidó como la amistad entre dos profesionales, entre dos músicos. René Espí Valero comparte sus recuerdos en este sentido:

> Siempre he recordado al Niño visitándonos en nuestra casa del reparto Casino Deportivo, con una humildad y una nobleza tan impresionantemente grandes como su estatura; intercambiando con mi padre unos tabacos inmensos que, invariablemente, le traía envueltos en papel periódico. Así disfruté verlos compartir largamente memorias y anécdotas. Mi padre lo asesoró varias veces con temas legales y con desencuentros con ciertos dirigentes de alguna que otra empresa artística. También en una oportunidad lo vi hacer apuntes en partituras a partir de alguna idea del viejo como el que escribe una nota, con una destreza increíble. Como él todavía estaba en activo y ya el viejo estaba retirado, fue el heredero de casi todas las guayaberas de hilo de mi padre.[87]

Con la autoridad que le confiere su condición de protagonista, y su capacidad para entender y teorizar sobre los procesos de desarrollo en la música cubana, César Portillo de la Luz resume la importancia de la evolución estilística del Conjunto Casino y la responsabilidad del Niño Rivera en ello:

> Creo que es importante subrayar estos aspectos históricos, porque tributa no solo al nivel de desarrollo artístico-musical que alcanzó el Niño, sino también en qué medida contribuyó a la evolución de los conjuntos de música popular, de música bailable, porque a partir de ahí, de sus arreglos, el Conjunto Casino se convirtió en el modelo obligado para todos los demás conjuntos de sones de aquella época y creo que esto es un aporte al desarrollo de la cultura musical del país que vale destacarla como un hecho histórico importante en el contexto de esta música popular bailable. [...] Hay que rebasar la visión estrecha más popular que tiene el público de su paso por la música cubana.[88]

87. René Espí Valero. Entrevista por la autora, 21 de marzo de 2019. Vía correo electrónico.
88. *Gloria de la música cubana. El Niño Rivera*. Dir. Belkis Olivares Martínez. Cubavisión Internacional, La Habana, 2003.

Sin dudas, la labor del Niño en su condición de arreglista, a partir de su trabajo con el Conjunto Casino, alcanzó cotas tan altas que le llevaron a figurar entre los grandes de todos los tiempos en Cuba. Hizo de la labor de arreglar y transcribir casi un sacerdocio, disfrutado cada día. Su hijo, Emilio Echevarría Cruz, también tiene recuerdos de esos años:

> Era muy constante en su profesión. Día a día se despertaba temprano y se sentaba a trabajar las transcripciones y arreglos musicales que constantemente le llovían, lo que realizaba con gran amor durante largas horas, desde la mañana temprano hasta después del mediodía. Era muy exigente consigo mismo y nunca dejaba de realizar la misma rutina diaria, pues escribir y crear eran sus grandes pasiones. Muchas personas venían a casa, donde él las recibía para hacer sus negocios y tratos musicales y muchas veces recuerdo que se ponía a tocar el tres, con temas que no eran conocidos, ya que pertenecían a los autores a los cuales él les transcribía su música. [...] Recuerdo que en toda la mañana no podíamos hacer ningún tipo de ruido, debíamos caminar despacio por donde él estaba sentado trabajando, no se podía poner música, solamente Radio Reloj hasta que el terminara el trabajo de las partituras.[89]

Resulta una tarea impracticable intentar disponer de la totalidad de los temas que el Niño Rivera arregló, pues fueron muchos los intérpretes y los ejecutivos discográficos y editoriales que requirieron de sus servicios y, como se sabe, el del arreglista era un crédito que no figuraba en la inmensa mayoría de los discos de 78 rpm y de vinilo. En todo caso, los arreglos del Niño Rivera marcaron el punto de crecimiento en las carreras de muchos cantantes que llegarían a ser famosos, y hasta de íconos musicales, como lo fue Celia Cruz, quien reconoció siempre en el Niño Rivera al arreglista de los primeros temas que puso en su voz, cuando comenzó a triunfar en los programas radiales *De fiesta con Bacardí* y *La pausa que refresca con la Riverside,* en la CMQ. En dicha emisora radial el Niño Rivera también trabajaría como arreglista

---

89. Emilio Echevarría Cruz. Testimonio a la autora (Vía correo electrónico).

para la orquesta de planta, que entonces dirigía Enrique González Mantici. Y es este quien le presenta al compositor y profesor Fabio Landa, con quien el Niño Rivera continuará su incesante camino de superación musical.

Son los años en que igualmente hace arreglos encargados por Antonio Arcaño para sus Maravillas y en los que acompañaría, en algunos temas, al cuarteto vocal Musicabana. El propio Niño contaría que fue arreglista de la orquesta Riverside, notable banda donde su cantante estrella, Tito Gómez, acogió su bolero *swing* «De mí para ti»; y contaría que hizo arreglos para Vicentico Valdés cuando este era el cantante de la orquesta de Tito Puente, lo que motivó el interés de Puente en conocerle. También recordaba haber cumplido peticiones de arreglos para el pianista y director cubano radicado en Nueva York, Anselmo Sacasas, para Machito y sus Afrocubans, para el conjunto La Playa y para otras agrupaciones y solistas radicados fuera de Cuba.[90]

El fogueo en estos oficios y el éxito que fueron alcanzando los temas por él compuestos y orquestados —principalmente los que arregló para el Conjunto Casino— le abrirán al Niño Rivera, en años sucesivos, las puertas de otros contratos similares para las casas discográficas Gema, Panart, Columbia y Seeco, e igualmente para editoriales como Peer Music. Por otro lado, fue su labor arreglística la que le proporcionó al Niño contratos de trabajo en México en la medianía de los años cincuenta.

Sin dejar de hacerlo para sus compañeros del filin y para Musicabana, el Niño Rivera también realizará entre 1945 y 1955 arreglos para la Orquesta de Ernesto Duarte, el sello Seeco y otros. En este período es llamado por el maestro Enrique González Mantici, entonces uno de los directores de la orquesta de CMQ, para realizar algunas orquestaciones. Con arreglos del Niño Rivera se popularizaron muchos temas interpretados por Rita Montaner, René Cabel, Luis Santí, Alba Marina, Elena Burke, Omara Portuondo, Moraima Secada, Ela Calvo, Pedro Vargas, Fernando Alvarez, Pío Leyva, entre otros.[91] Entre los colegas que compartían con él la labor de arreglista, el Niño Rivera elogiaba a Dámaso Pérez Prado,

---

90. Entrevista a Niño Rivera (entrevistador desconocido), Díaz Ayala Collection, ob. cit. No todas estas grabaciones han podido ser identificadas, por lo que no se incluyen en los anexos
91. Nefertiti Tellería. Ob. cit.

pues lo consideraba una figura paradigmática y referencial, a la que no se le había hecho merecida justicia.

Al decir de Juan de Marcos González:

> Como arreglista, el Niño se caracterizaba por el uso de un sistema armónico muy avanzado para su época sobre una base de ritmos afrocubanos. Tenía la ventaja de ser un septetero mayor y conocer la base de donde salió todo. Y aprendió muchísimo de Guyún y sus conceptos armónicos. Creo que la relevancia del Niño como intérprete y orquestador estriba en que conocía muy bien los límites de hasta donde utilizar los sistemas armónicos norteamericanos sin que se perdiera el sabor criollo. Eso mismo puede escucharse en músicos como Lilí Martínez, Peruchín o Rubén González. Influencia gringa sin perder el congrí con tostones y masitas de puerco. Pero lo importante y único es que escribía desde el tres y con un concepto tresístico, lo cual nadie hizo mayormente hasta que llegó él.[92]

Con todo este aval, solo la excesiva modestia que lo caracterizaba pudo hacer posible una anécdota como la que contó Guyún a Radamés Giro:

> Hace poco estuvo aquí en mi casa [el Niño Rivera] y me dijo que hizo unos arreglos para el ICR[93] y, claro, para gran orquesta, y cuando los músicos, algunos músicos lo felicitaron (hay algunos que son unos mercenarios y tocan el arreglo, pero ni saben apreciar, ni lo disfrutan, ni se emocionan, pero hay otros que sí, con sensibilidad, más los directores) y le dijeron: "Niño, qué linda armonía, qué original, qué grande". Y muchos músicos: "Niño, quisiera que nos dieras unas clases de armonía, de ese tipo, porque qué distinto suena". Y él les dijo: "No, chico, yo no soy profesor de armonía. ¡Eso lo aprendí yo con el maestro Guyún!". ¡Al revés de esa gente que dijo

92. Juan de Marcos González. Entrevista por la autora, 29 de agosto de 2018 (Vía correo electrónico).
93. ICR: Instituto Cubano de Radiodifusión, nombre que tuvo el actual ICTR tras la nacionalización y centralización de todas las emisoras de radio y televisión después de 1959.

que aquella armonía era de ellos! Él, el Niño, siempre que habla de sus maestros me pone a mí en primer orden: mi maestro Guyún. "Chico, yo eso lo aprendí con el maestro Guyún, él es especialista en eso, yo no... no sé enseñar armonía, pero vayan allá. Eso lo hizo el Niño. Le honra decir que él aprendió armonía conmigo. ¡Así lo conocí, y después tú viste las composiciones que hizo![94]

94. Vicente González-Rubiera Guyún. Entrevista por Radamés Giro. Ob cit.

La editorial Musicabana

La procedencia social de la mayoría de los muchachos del filin difería mucho de la que podían exhibir los grandes compositores de la época, ya establecidos en el favor de los intérpretes y en el control de las casas editoriales y empresas radiales. Los *filineros* eran obreros, operarios, maestros, gente de bajos estratos sociales, por lo que tenían sus simpatías hacia las luchas por la justicia social; eran conscientes de la discriminación y del desprecio que empezaban a demostrarles las grandes editoriales y sus colegas ya establecidos en el control casi monopólico de la difusión musical. Todos estos elementos están en los orígenes de la editorial Musicabana, el primer emprendimiento autónomo conformado por un grupo de creadores afrodescendientes de que se tiene noticias y probablemente la primera iniciativa empresarial, en el ámbito de la edición musical en Cuba, que se enfrentó al monopolio del llamado pulpo Peer.[95]

A la altura de 1951 los compositores e intérpretes del filin eran muy cercanos a Lázaro Peña, uno de los líderes obreros del Partido Socialista Popular. Muchos de los filineros simpatizaban con sus ideas. La novia de Peña era la compositora Zoila *Tania* Castellanos, una de las muchachas del filin,[96] y junto a ella solía frecuentar las descargas en el Callejón de Hamel, en la casa de Jorge Mazón o en el solar donde vivía Luis Yáñez con su madre. Con Lázaro Peña, los jóvenes músicos contrastaban problemas y posibles soluciones, intercambiaban puntos de vista, al tiempo que creaban y degustaban de la música. Fue Peña quien les sugirió la conveniencia de independizarse de los grandes editores musicales, para burlar las medidas que restringían la difusión de sus obras.

Así, la editorial Musicabana se inscribió ese mismo año de 1951 en el Registro de Asociación de la República de Cuba, con José Antonio Méndez como presidente y Luis Yáñez como admi-

---

95. Peer es la abarcadora editora musical norteamericana que mantuvo por décadas el control mayor sobre las obras de los compositores cubanos.

96. Zoila Castellanos Ferrer (La Habana, 27 de junio 1920 - 8 de diciembre 1988) era una de las tres compositoras de la primera hornada *filinera*, junto a Grecia Domech y Elisa *Chiquitica* Méndez (hermana de José Antonio Méndez).

nistrador. Uno de sus fundadores, el compositor Rosendo Ruiz Quevedo, escribiría:

> La Editora Musicabana constituyó, por su proyección musical y social, un hecho único en la historia de los países latinoamericanos. Desde su inicio, va contra la corriente, es decir, se declara públicamente defensora de los autores de música popular cubana, denunciando la explotación editorial extranjera que existía en complicidad con la Sociedad Autoral de turno. La estrategia de lucha y trabajo era trazada fundamentalmente por Luis Yáñez y por mí. Musicabana «abre sus oficinas» en un cuarto del solar situado en Zanja No. 462 esquina a Belascoaín, residencia de los padres de Luis Yáñez. Posteriormente la "oficina" se traslada a 'un rincón' del domicilio de Jorge Mazón en Marqués González, y finalmente pasa a «la sala» de mi casa en Campanario No. 151. Al doblar de esta última ubicación, existía un establecimiento que poseía una máquina reproductora sistema Obzalid, en la que por 5 centavos ofrecían el servicio de copias a partir de un original en papel traslúcido. Así comenzó Musicabana.[97]

El Niño Rivera figuraba en la directiva de la nueva editorial y fungía como su transcriptor y arreglista oficial. La empresa se benefició también del acucioso trabajo desplegado por Giraldo Piloto Iglesias para la difusión internacional de su repertorio, que era esencialmente el de los compositores del filin. Piloto Iglesias vivía en Nueva York, donde se desempeñaba en otros trabajos y donde se convirtió en el representante de Musicabana en esa ciudad, de acuerdo con el ejecutivo de la bizarra editorial.[98] Aceptó el cargo honorífico sin cobrar salario y logró establecer una fuerte relación entre una serie de relevantes valores musicales y los «muchachos del filin» integrados en Musicabana, lo cual se tradujo en importantes grabaciones fonográficas. Fue así que sus obras llegaron a la orquesta de Machito y sus Afrocubans —con Mario Bauzá—, Tito

---

97. «Caleidoscopio musical», escrito autobiográfico inédito del compositor de música popular cubana Rosendo Ruiz Quevedo.
98. Piloto Iglesias es el padre de Giraldo Piloto Bea, quien se iniciaba por esos años en la composición con Alberto Vera, en uno de los binomios más trascendentes de la música popular cubana: Piloto y Vera.

Puente, Tito Rodríguez y, sobre todo, Vicentico Valdés, todos con gran popularidad e influencia en ciudades de fuerte concentración de población cubana y latinoamericana, como la propia Nueva York, Nueva Jersey y Los Angeles. Estos y otros afamados intérpretes viajaban frecuentemente a La Habana y estrechaban sus relaciones con los compositores, intérpretes e instrumentistas cubanos, por lo que se convirtieron en piezas clave para la difusión internacional del catálogo autoral de Musicabana y, en particular, permitieron la rápida expansión de los boleros, sones, mambos y guarachas de los compositores del filin hacia otros países del continente. El Niño Rivera contó que «muchas veces los mismos arreglos que él hacía para la orquesta Riverside, por ejemplo, a través de la editorial Musicabana, se enviaban a Nueva York y allí se grababa el mismo tipo de arreglo que se hacía aquí en La Habana».[99]

El Niño Rivera confió a la editorial Musicabana la edición primigenia de su obra más difundida y conocida: «El Jamaiquino»; y, al menos, otras dos obras de su autoría figurarían en el catálogo de esta editorial: el son montuno «Juan José» y el chachachá «Jóvenes y viejos».[100] «El Jamaiquino» fue grabado muy temprano en Nueva York por Tito Rodríguez y Machito y sus Afrocubans, y, de alguna manera, veremos luego, gracias a estas grabaciones, que la obra más popular del Niño Rivera quedaría como un referente en la memoria de los músicos cubanos y boricuas en Estados Unidos.

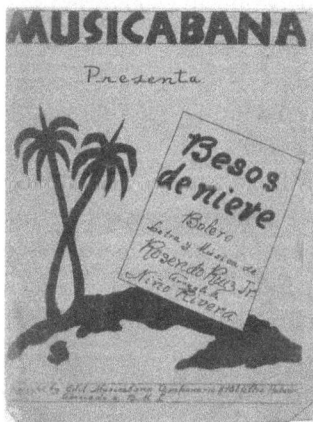

Partitura arreglo del Niño Rivera para Editorial Musicabana. «Besos de nieve» Autor Rosendo Ruiz Quevedo Foto: Cortesía de Alvaro Ruiz

99. Entrevista a Niño Rivera (entrevistador desconocido), Díaz Ayala Collection, ob. cit.
100. Documento de traspaso de derechos de la Asociación Editorial Musicabana a Musicabana S. A. de las obras relacionadas y firmadas por contratos previos de cesión a Asociación Musicabana (p. 5). Archivo personal de los Hermanos Ruiz.

EL NIÑO TRESERO Y COMPOSITOR

En una entrevista que le realizara Marta Valdés, el Niño Rivera recordaría muchos años después:

> A mí siempre me han preocupado las cosas progresistas. Yo antiguamente oía mucha música americana, música brasilera y hubo una época en que me dedicaba a oír música y entonces montaba... y había algo que por lo menos yo lo hacía (eso es refiriéndome a la armonización). Y por ese mismo concepto... yo me levantaba todos los días, cogía el tres y me ponía a practicar, a estudiar o a inventar algo y con el transcurso del tiempo empecé a descubrir que en el tres no podían ejecutarse solamente tríadas, sino también acordes de cuatro notas, una tónica con sexta añadida, fragmentos de acordes de novena, fragmentos de acordes de trecena, y he logrado sacarle algún partido a eso por lo menos.[101]

En otra entrevista, el Niño además explicaba el proceso de creación de un sonido y estilo propios, que le aseguró trascender como uno de los mayores exponentes del virtuosismo armónico en la historia del tres: "Ese es el lío: aprender bien, meterle técnica al sentimiento. Fue así que le fui cogiendo a los bárbaros[102] la armonización y al mismo tiempo yo también buscaba mi propio estilo en el tres [...]. Pasó el tiempo y llegó el día en que a mí todo el mundo me identificaba tocando el tres: 'Ese que toca es el Niño Rivera'".[103] Sus méritos interpretativos resisten y se validan en la eterna comparación entre Arsenio Rodríguez, el rítmico, y el Niño Rivera, el melódico. Para Juan de Marcos González, tresero:

> El Niño y Arsenio son el principio de todo lo que se

---

101. Marta Valdés. *Con el Niño Rivera.* Ob. cit., p. 82.
102. Con el apelativo de «los bárbaros» se refiere a los músicos norteamericanos que fueron sus contemporáneos (N. del A.).
103. Félix Contreras. Ob. cit., p. 56.

relaciona con el tres como protagonista del llamado conjunto afrocubano. La diferencia entre ellos es que Arsenio era mucho más tradicional (aunque utilizaba a veces los arpegios de séptima disminuida y las escalas cromáticas que caracterizan a algunos treseros modernos). El Niño, por su parte, trabajaba con acordes grandes y sabía dónde estaba todo en su instrumento.[104]

Desde su vasta experiencia internacional, Juan de Marcos, quien gestó y concretó la idea del Buena Vista Social Club, tiene muy claro quién fue, como tresero, Andrés Echevarría Callava:

> El Niño fue el principal fundador de un nuevo estilo para interpretar el tres. Un estilo que mezclaba los elementos aportados por los treseros tradicionales con el concepto armónico de la gente del grupo del *feeling*, quienes estaban influidos por el *jazz* norteamericano. El único antecedente que conozco al respecto fue Eliseo Silveira, que tan temprano como a finales de los años veinte ya componía temas cromáticos muy avanzados y con bonita armonía. Lamentablemente hay poca información sobre Silveira, con la excepción de algunos temas grabados por el Típico Habanero (como «En el silencio de la noche») y la versión de «Orgullecida» del Buenavista Social Club, interpretada por Compay Segundo. Sé de él, además de por su música, porque nací a una cuadra de donde vivió muchos años (el solar El África, en Oquendo y Zanja) y porque el señor fue amigo de mi papá. El Niño, por suerte, vivió más y tuvo la posibilidad de llevar todo mucho más allá. De modo que tal vez con la excepción de Arturo Harvey, Alambre dulce, que tocaba con Chappottín y usaba un estilo similar, hubo que esperar hasta las generaciones actuales para que su modo de interpretar fuera común.[105]

Ningún tresero refuta el virtuosismo del Niño Rivera: el norteamericano Benjamín Lapidus, de los poquísimos ejecutantes en

104. Juan de Marcos González. Entrevista por la autora, 29 de agosto de 2018.
105. Juan de Marcos González. Entrevista por la autora. Ob. cit.

llevar el instrumento al ámbito del *jazz,* disecciona el estilo del Niño remarcando algunos aspectos que considera cruciales:

> Era un verdadero virtuoso del tres, y aunque ya era muy moderno en su concepto, aplicaba sus estudios con el maestro Guyún directamente a su estilo personal de tocar, componer y arreglar. El método de guitarra de Guyún está lleno de instrucciones para mover las voces internas de acordes en la guitarra. Este concepto es muy audible en la música de Niño Rivera como tresero y arreglista en múltiples grabaciones con su grupo y otras agrupaciones.[106]

Sobre las improvisaciones del Niño, Lapidus apunta: "Cuando improvisa, está jugando con los floreos, pero su conocimiento del tres y su sabiduría armónica le llevó a construir líneas largas en sus improvisaciones, que fluyen y suenan muy natural. Otro componente clave en su ejecución es su sentido del *swing* o sincronización con el compás, que es muy particular".[107]

Suele ser un lugar común la comparación entre el Niño Rivera y Arsenio Rodríguez, como treseros: se habla de la supremacía de Arsenio como tresero rítmico y del Niño Rivera reinando en cuanto al concepto armónico. Pero probablemente tal visión es reduccionista y excluye las virtudes de cada uno en el instrumento, al que ambos sabían extraer todas las posibilidades que su imaginación les dictaba. Contó alguna vez Nelson González:

> Hablaba con el Niño de Arsenio Rodríguez. El Niño fue el único tresero en Cuba que me dijo: «Arsenio fue el único tresero que supo usar los armónicos del tres». Cuando me dijo eso, me puse a escuchar las grabaciones y es cierto. Entonces, cuando me preguntan sobre Arsenio y el Niño, yo digo: rítmicamente, Arsenio; armónicamente, el Niño Rivera. [...]. Para mí, el Niño era un genio. A los músicos de las universidades yo les ponía uno de los solos del Niño y les decía: "Escríbelo nota por nota", y me decían después: '¡Armónicamente este hombre estaba tan avanzando...!'

---

106. Benjamín Lapidus: «Niño, Niño, toca tu tres montuno: un análisis musicológico y personal de las encrucijadas de jazz con el tres». Ponencia, Coloquio del Festival Internacional Jazz Plaza, La Habana, 2019.
107. Ibídem.

El Niño Rivera abrió las puertas para todos los treseros que se llaman modernos hoy en día en Cuba. Fue el primero armónicamente, nadie más. Y cuando se escriba la historia de la música cubana en el mundo, tienen que dedicarle una página entera al Niño Rivera. Algún día mis nietos verán que sí, que fue así, el genio que fue, como músico, como ser humano, como todo.

Ciertamente, hay consenso al considerar al Niño Rivera como un adelantado, virtud que le era reconocida en su tiempo, incluso por sus colegas: Raúl Travieso, hermano de Arsenio Rodríguez, del modo más simple dio fe de la opinión que Arsenio tenía sobre su colega pinareño: "El Niño era tan avanzado y tan moderno que nadie lo entendía, pero Arsenio lo quería mucho y lo respetaba".[108]

El Niño siempre fue líder de conjuntos y orquestas, labor que compaginaba con la ejecución de su instrumento. Al frente de formaciones de este tipo, desde finales de la década de los cuarenta, dirigió y acompañó como tresero a solistas como Pepe Reyes, Orlando Vallejo, Miguelito Cuní, Leonel Bravet, el cuarteto Musicabana, el grupo de Luis Yáñez, Miriam Balmori, Elena Burke, Omara Portuondo, Moraima Secada, Ela Calvo, Pío Leyva, Fernando Álvarez, Fellove, y otros.

Las primeras grabaciones

De los tiempos en que el Niño Rivera vivía aquellos encuentros y descargas como uno más dentro del filin, datan sus primeras grabaciones discográficas encontradas, unos oscuros registros realizados presumiblemente entre 1949 y 1950, en La Habana, para el sello norteamericano Lina. En su edición del 27 de agosto de 1949, la revista *Billboard* anunciaba la creación del sello Lina, a iniciativa de Murray Shapiro y con dirección artística de Leopoldo González. Aunque domiciliado en Nueva York, el sello Lina tenía también como objetivo grabar *in situ* a artistas de Cuba y Puerto Rico. Entre los primeros cantantes que firmaron estaba el cubano Reinaldo

---

108. Entrevista a Raúl Travieso citada por Benjamín Lapidus: ob. cit.

Henríquez, quien era cercano al grupo de los muchachos del filin. En el disco de 78 rpm y con referencia Lina L-010 aparece simplemente como Conjunto Rivera y su Cuarteto, y en ahí aparecen los temas «No sé lo que tienes» y «Ritmo de juventud», ambos de la autoría del Niño y clasificados dentro del género "mambo-rivera".[109] Este Conjunto Rivera puede constituir la evolución del septeto Rey de Reyes, si tenemos en cuenta su peculiar formación inicial de septeto con cuarteto vocal. Destaca el vanguardismo en el arreglo de «No sé lo que tienes» y el solo de tres que muestra ya en esos años el virtuosismo y peculiares armonías del Niño Rivera. No ha podido conocerse quiénes fueron los músicos que integraron el Conjunto Rivera en estas grabaciones, pero la voz solista parece recordar la de un juvenil Miguelito Cuní.

Una de las primeras grabaciones del Conjunto Rivera por el sello Lina
Cortesía : Colección Gladys Palmera

Otros dos temas grabaría el Niño Rivera para el sello Lina: «Hotchio» y «Lejano amor», que sería publicado en un disco de 78 rpm con dos *tracks* por cada cara. Sobre esos dos temas en su edición del 3 de junio 1950, la revista *Billboard* comentaba en su sección *Records Review*:

«Ambos son bailables, aunque la ejecución y el canto son lo justo. Ambos son demasiado largos para que su uso en

---

109. Un ejemplar de este disco se encuentra en la Colección Gladys Palmera, San Lorenzo de El Escorial, Madrid, España: <https://gladyspalmera.com/coleccion/disco/19169/>.

dispositivos de reproducción automatizada sea rentable». En la otra cara del disco, había dos oscuras y poco conocidas grabaciones de Elena Burke, probablemente entre sus primeros registros, en una etapa previa al cuarteto D'Aida: «La rumba tiene compás» y «Quién es Elena») (L-1503). Elena grabaría otros temas también para el sello Lina, con lo cual puede deducirse que los ejecutivos de Lina o su avanzada de producción estuvieron próximos al grupo del filin, con los que entonces se relacionaban Rivera, Henríquez y la Burke.[110]

Por ese mismo tiempo, inmerso ya en el grupo del filin y en un proceso paralelo al que transcurría en Estados Unidos —donde un grupo de jóvenes músicos cubanos y norteamericanos experimentaban con el *bebop* y revolucionaban el *jazz* de las big-bands de *swing*, para crear nuevas sonoridades y un estilo—, el Niño Rivera crea el *cubibop*. La prueba de la simultaneidad de ambos hechos la exhibe la grabación del tema homónimo —clasificado como mambo en la etiqueta del disco de 78 rpm— y que el Niño y su conjunto grabaran para el sello Victor el 31 de octubre de 1949.[111] Según Leonardo Acosta:

> [Niño Rivera] intenta una fusión del bebop y nuestra música, lo cual plasma en sus arreglos para el conjunto Rey de Reyes [...] en él amalgamaba elementos de son, danzón, mambo, *feeling* y *bebop*. Lo más interesante es que el "cubibop" surge con total independencia del "cubop" de Nueva York, que alcanzará fama mundial y reunirá a figuras como Dizzy Gillespie, Mario Bauzá, Machito, Chano Pozo y Charlie Parker. Y a diferencia de lo que ocurre en Nueva York, el Niño elabora sus nuevos conceptos a partir del formato de conjunto y no de jazzband, y utiliza grupos vocales.[112]

En la experimentación a partir de otra formación instrumental radica la maestría del Niño Rivera y la novedad de su iniciativa musical. El *cubibop* corrió la misma suerte que otros experimentos

110. Según la revista *Billboard,* el sello Lina fue rápidamente adquirido por Seeco y las existencias de discos de su catálogo fueron rematadas a precios más bajos durante 1950.
111. Referencia Victor V23-1433.
112. Leonardo Acosta. Ob. cit., p. 91.

innovadores de incuestionable importancia que ocurrían en nuestra música por esos años, pues careció de promoción; o, como sugiere Acosta, "acaso no surgió en el momento y lugar apropiados, y no llegó a popularizarse ni siquiera en la isla. Constituyó, sin embargo, una estimulante experiencia para los músicos cubanos que siguieron trabajando en esa línea de fusión".[113]

En el mismo disco que incluye el tema «Cubibop», por la otra cara aparece la grabación del Niño del bolero «Por mi ceguedad»(José Antonio Méndez).[114] Un mes después el Niño y su conjunto graban el bolero «Noche cubana» (César Portillo de la Luz) y la guaracha «Rinquinquín» (N. Rodríguez y otros), también en disco de 78 rpm que, como se observa, recoge obras de autores vinculados al movimiento del filin.[115]

Probablemente, el primer cantante que comenzó a promover las obras de los compositores del filin fue Pepe Reyes.[116] Con una voz poderosa y cálida a la vez, y con un estilo personal y empático, el repertorio filinero es deudor en gran medida del modo en que Pepe Reyes asumió sus temas y los difundió, no limitándose únicamente a los grandes boleros que inmortalizó. La de Reyes fue una de las primeras interpretaciones que tuvo «El Jamaiquino», del Niño Rivera, a juzgar por datos encontrados en la Enciclopedia discográfica del Dr. Cristóbal Díaz Ayala. El Niño Rivera está presente como arreglista y como director en la mayoría de las grabaciones realizadas por Pepe Reyes en Cuba entre 1949 y 1960, antes de marchar hacia Suramérica, y en ellas se evidencia la profunda sintonía lograda entre ambos, que se revirtió en la alta calidad interpretativa y estilística de Reyes y de sus formaciones acompañantes (véase anexo ii).

La década de los cuarenta verá explayarse otra de las cualidades, hasta ahora casi sin revelar, del Niño Rivera: la de compositor, en la que cristalizarán los abordajes renovadores que bullían ya en él. Como compositor, el Niño Rivera posee una obra que, si bien no es prolífica, sí exhibe piezas de gran riqueza e impacto, reflejo de todas sus búsquedas y experimentaciones. En algunas

113. Ibídem.
114. Referencia V23-1433. Registro fonográfico realizado el 31 de octubre de 1949. Cristóbal Díaz Ayala: *Cuba canta y baila. Enciclopedia discográfica de la música cubana.* ob. cit.
115. Referencia V23-1457. Registro fonográfico realizado el 30 de noviembre de 1949. Cristóbal Díaz Ayala: *Cuba canta y baila. Enciclopedia discográfica de la música cubana.* Ob. cit.
116. José Reyes Carbonell (Palma Soriano, 13 de diciembre de 1927-Santiago de Chile, 11 de marzo de 1981).

entrevistas él menciona que fue en 1942 cuando escribió sus primeras obras. Su labor autoral tuvo momentos importantes en las décadas de los cuarenta y cincuenta, pues compuso números que alcanzaron popularidad: el que más, por supuesto, fue «El Jamaiquino», junto a «Átomo», «Tú y mi música», «Fiesta en el cielo», «Eres mi felicidad», «Carnaval de amor» y «Juan José».

El 28 de noviembre de 1946 el diario *Mañana* anunciaba la presentación de un «conjunto de voces creado y dirigido por el joven José Antonio Méndez e integrado por José A. Méndez (guitarra prima), Frank Emilio Flynn (piano), Alberto Menéndez (segunda guitarra), Oscar "Kiko" González (contrabajo) y los cantantes Leonel Cepero [Leonel Bravet], Eligio Valera y Omara Portuondo". Era esta la formación inicial del conjunto Loquibambia Swing, que poco después quedaría bajo la dirección del notable pianista Frank Emilio Flynn y que tuvo diversos integrantes en diferentes momentos de su existencia. Por la pertenencia o vinculación de muchos de sus intérpretes al grupo del filin, Loquibambia Swing sería uno de los primeros intérpretes de las composiciones del Niño Rivera, al igual que Pepe Reyes, el propio Frank Emilio, Arcaño y sus Maravillas, el conjunto de Nelo Sosa y otros.[117]

---

117. Nefertiti Tellería. Ob. cit., p. 5.

En opinión de Radamés Giro, en sus composiciones el Niño Rivera "utiliza tonalizaciones –que después caracterizarían la obra de Marta Valdés–, las que Guyún considera que son 'semimodulaciones, sin salirse en ningún momento de la tonalidad protagonista'. Esta forma de componer está presente sobre todo en 'Eres mi felicidad', y por momentos en 'Carnaval de amor', 'Fiesta en el cielo' y 'Amor en festival'".[118]

Destaque especial amerita la única obra de Niño Rivera, interpretada por Benny Moré y su Banda Gigante, de que se tiene noticia. El mambo «Janeando», recogida en una grabación radial realizada en los Estudios de Radio Progreso a mediados de la década de los cincuenta, evidencia la presencia de Niño Rivera no solo en la composición, sino también en los arreglos que llevan su sello inconfundible, de fuerte influencia jazzística donde la sección de trompetas y la base rítmica hacen maravillas.

«Janeando» nunca fue llevada a disco con fines comerciales, hasta que en 1998 fue recogida en un CD con grabaciones del Bárbaro del ritmo realizadas en Radio Progreso.

---

118. Radamés Giro. *El filin de César Portillo de la Luz*. Ob. cit., p. 36.

Niño Rivera en los años cuarenta
Foto: Cortesía Mario Echevarría Cruz

El Jamaiquino

Del catálogo autoral del Niño Rivera, el son montuno «El Jamaiquino» es la obra de mayor trascendencia y ha devenido en uno los más consistentes estándares de la música popular cubana. Sobre sus orígenes, contaría el Niño:

> «El Jamaiquino» viene de un cuento acerca de un jamaiquino que trabajaba en un terraplén y se rompió la grúa y fue corriendo para el cuarto... ustedes saben que siempre hay un cuartico para guardar los materiales... y le dijo el ingeniero: "Mister, míster, *handygrua broken*". Y Gabriel Montalvo, el que tocaba la guitarra en mi grupo cuando yo ya le pongo mi nombre del Niño Rivera, fue quien me hizo ese cuento y yo le dije: 'Voy a hacer un número que se titule El Jamaiquino'.[119]

En su armonía, este tema trasluce la raíz sonera y la inequívoca influencia del *swing*, del *jazz* —a la que el Niño no podía sustraerse en sus composiciones y arreglos—, además de otros elementos de

---

119. Niño Rivera en programa televisivo *Te quedarás*. Ob. cit.

mambo y chachachá en los diferentes arreglos y versiones que lo hicieron famoso.

La obra cardinal del Niño Rivera ha tenido numerosas grabaciones, muchas de ellas realizadas por músicos de incuestionable importancia; pero es difícil determinar cuál fue la primera. Al parecer, ni el Niño Rivera lo contó para que quedara registrado, ni a periodista o cronista alguno se le ocurrió preguntarle. Las investigaciones realizadas no permiten establecer una con exactitud. Quizás los primeros en grabarlo fueron Pepe Reyes y el puertorriqueño Tito Rodríguez, que lo hizo en Nueva York en 1953 para el sello Seeco. El caso de Pepe Reyes es sugerido únicamente en una de las fuentes consultadas, pero la grabación no ha sido ni localizada documentalmente, ni encontrada en soportes sonoros. Poco después de la grabación de Tito Rodríguez, se sucederían en Estados Unidos las de Machito y Tito Puente, quienes las llevan también a discos. Mientras que Arcaño y sus Maravillas, incorporando en su grabación al cuarteto Musicabana, lo graba en La Habana entre 1953 y 1954.

Cuando Francisco Fellove llegó a México, a mediados de los años cincuenta, una de sus primeras grabaciones para la RCA Victor del país azteca, como parte del conjunto Batamba, fue «El Jamaiquino». El disco de 78 rpm ni siquiera tenía la voz de Fellove en su otra cara e incluyó el tema «Carita triste» (Raúl Sardá Pérez), interpretado por otro cantante del conjunto Batamba: el mexicano Lalo Montané. Tanto impacto tuvo la grabación de Fellove de «El Jamaiquino», que se convirtió rápidamente en su carta de presentación para abrirle las puertas en México a su controversial scat tropical, mutado en aquel país al ritmo chúa-chúa, un estilo cuya autoría le disputó siempre el mexicano Luis Angel Silva, Melón. El éxito alcanzado en México y en ciertas zonas de mercado latino de Estados Unidos por el Gran Fellove cuando era parte del conjunto Batamba trajo consigo el surgimiento de muchas versiones y su inclusión posterior en innumerables compilaciones de Fellove como intérprete principal (véase anexo II).

Con rapidez, «El Jamaiquino» se fue haciendo popular y muchos músicos que se movían en diferentes géneros y escenas no tardaron en validar su potencial. En julio de 1956, por ejemplo, la revista *Show* recogía en sus páginas la noticia sobre la presencia en La Habana del eminente músico cubano radicado en Nueva York Arturo *Chico* O'Farrill, y sobre el encuentro que, en su finca de Loma de Tierra, había tenido con todos los periodistas especializados: el motivo de esta reunión con la prensa era dar a conocer la conclusión de las grabaciones que había realizado para el sello Panart y que saldrían públicadas próximamente en un *long play*.

> [...] contentivo de doce selecciones de música instrumental latino-americana, con arreglos especiales del propio O'Farrill. Dieciocho músicos integraron la banda que ejecutó la selección, los más notables de Cuba. Los números grabados: "El bodeguero", "Me lo dijo Adela", "El Jamaiquino", "Tenderly", "Perfidia", "Frenesí", "Amapola", "With a Song in my Heart", "El barbero de Sevilla", "Chico's Cha-Cha-Cha", "Rock and Roll Cha-cha-cha" y "Kiss of Fire". Anticipamos que el LP es magnífico y habrá de romper records de venta en el país y en el exterior.[120]

La orquesta de Chico O'Farrill en estas sesiones reunió a músicos excelentes en sus respectivos instrumentos: Pedro Jústiz, Peruchín, piano; Emilio Peñalver y Pedro Chao, saxo tenor; Rafael Quesada y Santiago Peñalver, saxo alto; Oswaldo Urrutia, Mosquifín, saxo barítono; Antonio Linares, Generoso *Tojo* Jiménez,

83

120. «Arturo O'Farrill y los periodistas» (anónimo). *Show*, La Habana, 29 de julio, 1956, p. 53.

Harry Johanson y Luis Outomuro, trombones; Alfredo *Chocolate* Armenteros, Leonardo Timor, Luis Escalante y Nilo Argudín, trompetas; Rafael *Papito* Hernández, contrabajo; Rogelio *Yeyo* Iglesias, bongó; Giraldo Rodríguez, congas; Guillermo Barreto, batería; José Herrera, guiro.[121] La presencia de «El Jamaiquino» en esta selección del muy exigente y notable Chico O'Farrill muestra el lugar que ya entonces había alcanzado la obra más conocida del Niño Rivera. La grabación de O'Farrill, con arreglo propio, encabeza las variadas versiones instrumentales que ha tenido la obra, entre las que destacan también las de la orquesta de Tito Puente —con apoyo de coros igual que la de O'Farrill— y la de Pedro Jústiz, Peruchín.

«El Jamaiquino» quedó en la memoria musical y en el imaginario de los músicos y productores cubanos que emigraron a partir de 1959, como uno de los temas emblemáticos de la creación musical popular cubana de todos los tiempos, y, como tal, reaparecía una y otra vez en las producciones discográficas que comenzaron a lanzar desde sus nuevos sitios de residencia y trabajo. Por otra parte, los cultores de la música latina en Nueva York en las décadas del sesenta y setenta, previos al surgimiento del sonido Fania, reconocieron en «El Jamaiquino» uno de los temas más representativos de la sonoridad de la música cubana antes del parteaguas que significó el triunfo de la Revolución Cubana en 1959. Si, antes de ese hecho, ya «El Jamaiquino», cantado por Machito y Tito Rodríguez, sonaba con éxito en el Palladium y otros espacios latinos en Estados Unidos, a partir de 1960 tampoco se detendría su difusión: de Vitín Avilés a Larry Harlow, pasando por el sexteto La Playa; Poncho Sánchez; Pete Terrace; The New Swing Sextet, la orquesta boricua El Sabor de Nacho, Orlando López, Mazacote; Luisito Seda; Héctor Aponte y la orquesta Harlem Riverside;Walfredo de los Reyes Jr. y otros. Destacable en particular es la versión que de «El Jamaiquino» hizo en 1975 la orquesta neoyorkina Típica 73 con su cantante Adalberto Santiago y con un arreglo novedoso para la época, donde su tresero Nelson González incorpora un tres eléctrico. Dos décadas después, Adalberto Santiago lo volvería a cantar, esta vez formando parte de la orquesta de Larry Harlow.

---

121. Datos tomados del CD *Chico O'Farrills and his All Star Cuban Band*. Antología Musical, publicado por Panart en 1993, en Estados Unidos, con referencia 5013.

Muchos fueron los que versionaron «El Jamaiquino»; algunos también los que pasaron por encima del crédito del Niño Rivera como legítimo autor de la obra o decidieron, sencillamente, adjudicárselo como propio. De las versiones y grabaciones realizadas después de la promulgación del bloqueo-embargo norteamericano a Cuba, poco o nada pudo beneficiarse el Niño Rivera en cuanto al derecho autoral, pues, entre otras causas, en los créditos aparecían otros nombres y no el de su verdadero autor. En el mejor de los casos, se indicaba en lugar del nombre del Niño Rivera la escueta y casi inútil frase «Rights Reserved» (derechos reservados), que no garantizaba que llegaran a su verdadero creador las regalías que legítimamente le pertenecían.

El reconocimiento de generaciones posteriores de músicos cubanos aporta renovación, como se observa en las versiones realizadas por formaciones vocales cantando a capella, como Vocalité, Vocal Universo y el cuarteto Gema 4, cuyas integrantes en la versión grabada de 1996 ofrecen una visión aún fresca y muy singular de «El Jamaiquino». Recientemente, la versión de Alexander Abreu ofrece una renovada visión del clásico del Niño Rivera.

A México

En 1957 ya José Antonio Méndez alcanzaba éxitos en México. Obras suyas eran cantadas por afamados intérpretes aztecas e incluidas en numerosos filmes producidos en ese país. En Cuba, la intermitencia de los golpes de suerte no le permitía al Niño Rivera gozar de una situación económica holgada que se pareciera a la estabilidad, por lo que el llamado de su fraterno José Antonio le hizo plantearse acceder y viajar a México. Allí fue recibido por sus amigos: el propio King,[122] Francisco Fellove —que ya empezaba a ser el Gran Fellove— y también el compositor y pianista mexicano Mario Ruiz Armengol, con quien trabajó en la música para un disco que eventualmente grabaría Armengol con orquesta de cuerdas. El Niño Rivera se desempeñó como arreglista para las orquestas más renombradas de aquel momento en México: las de Gonzalo Curiel, Arturo Núñez, Pablo Beltrán Ruiz y el famoso trompetista sinaloense Chilo Morán; también trabajó para casas editoriales como Hermanos Márquez y Editora Mexicana de Música Internacional, y para las compañías discográficas más relevantes: RCA Victor, Columbia, Seeco, Decca, Margo.[123]

Durante el corto tiempo que permaneció trabajando en México, y según testimonio del propio Niño Rivera, su amigo Fellove lo involucra en una aventura cinematográfica: interviene en el filme *Escuela de rateros,* acompañando sentado al piano la interpretación que hace Fellove de «El Jamaiquino».[124] Esta película, dirigida por Rogelio González, con guion de Luis Alcoriza y Carlos Llopiz y estrenada en 1958, tuvo en los papeles protagónicos a notorios actores y actrices mexicanos como Pedro Infante —para quien fue este su último filme antes de su trágica muerte—, Yolanda Valera, Rosita Arenas y Rosa Elena Durgel, entre otros; pero en los créditos se obvió a Fellove y se ignoró al Niño Rivera, cuyo «El Jamaiquino» aparece en un segmento del filme; de esa forma se omitió,

---

122. José Antonio Méndez era conocido también, entre sus allegados y admiradores, como el King.
123. Nefertiti Tellería. Ob. cit.
124. Niño Rivera, en grabación realizada por su hija Gloria Echevarría el 29 de mayo de 1995, en su casa en La Habana, ratifica su participación en el filme *Escuela de rateros* y las circunstancias aquí narradas.

además, su condición de autor y se le adjudicó la totalidad de la música del filme a Sergio Guerrero.

Aún en México, el Niño realizó arreglos para la cubana orquesta América, que también cumplía un largo período de trabajo en ese país y desde allí se preparó para acompañarles y presentarse en Los Angeles, California; pero al Niño Rivera le fue negada su entrada a los Estados Unidos por su vinculación con el Partido Socialista Popular —comunista— y con algunos de sus líderes principales, como Lázaro Peña, debido a su relación con la editorial Musicabana y sus principales gestores, según contó alguna vez el propio Niño Rivera.[125]

A pesar de tener trabajo y éxito, así como una vida amable junto a su compañera entonces, la también cantante Elisa Portal, al parecer el Niño no supo controlar la nostalgia y decidió regresar pronto a Cuba, más rápido de lo que aconsejaban los excelentes resultados que estaba obteniendo y las posibilidades de trabajo en la capital azteca. Su estancia en México, según algunas fuentes, no llegó a los doce meses.

Niño Rivera y Elisa Portal. Mexico, 1958
Fotografía: Cortesía Gloria Echevarría Portal

---

125. Nefertiti Tellería. Ob. cit., p. 7. No es ocioso recordar que en la década de los cincuenta muchos músicos cubanos sufrieron iguales restricciones, por el solo hecho de haber actuado en la radioemisora Mil Diez, adscrita al mencionado partido político.

Al regresar, el Niño Rivera continúa su labor como arreglista, compositor e instrumentista. Su conjunto y su orquesta —formados según las necesidades— son demandados para acompañar a muchos solistas en presentaciones en directo y en grabaciones, pues los vínculos con las casas discográficas tienen ahora mayor solidez, gracias al prestigio creciente del Niño y su experiencia en tierras mexicanas. El Niño vuelve a frecuentar los lugares donde, como antes, se encontraban sus amigos y los músicos del filin, que también y como siempre seguían escuchando *jazz* y todo lo bueno que se les ponía por delante. Uno de esos sitios era el Bodegón de Goyo que ocupaba una de las esquinas de las calles Retiro y Clavel, en el habanero barrio de La Victoria, su dueño y respectivo hijo eran también fanáticos del *jazz* y la música norteamericana:

> Allí se reunía mucha gente de la farándula —contaría Niño Rivera—, nos servía a nosotros como vehículo cultural y de aprendizaje, porque llegaban muchos discos de distintos intérpretes y nos poníamos a oír los arreglos y las interpretaciones. [...] Hablo de allí porque era el único lugar adonde yo iba, o sea Goyo tenía la especialidad de tener en su victrola una serie de discos de esa época que no se encontraban en otro lugar, porque incluso creo que los traía de fuera. Le estoy hablando del año cincuenta y pico, de la época en que nos reuníamos allí César [Portillo de la Luz], José Antonio [Méndez], Luis Yáñez, Armando Peñalver, Aida Diestro, Ñico Rojas... Allí tomábamos tragos y muchas veces descargábamos allí. Era una bodega tipo café: se vendían víveres y se tomaba bebida y ser servía comida que se cocinaba para el público... De ahí surgieron varias cosas, dos compañías de discos. Una donde grabó Pepe Reyes con arreglos de Enriqueta Almanza y arreglos míos; otra en la que grabó Pepe Reyes también con arreglos de Fabio Landa y arreglos míos. Pasábamos

muy buenos ratos. Había el interés de una buena orquesta para grabar y todos esos ratos los saboreaba uno. Casi te puedo decir que en aquella época nuestro cuartel general era el Bodegón de Goyo. Cuando alguno de nosotros quería localizar a alguien del grupo, íbamos al bodegón y tarde o temprano, si no es por la mañana, por la tarde, lo localizábamos allí.[126]

El Niño Rivera alude aquí a los oscuros y efímeros sellos Ferrer Records y Hi Havana Records. Con el primero, el Niño Rivera y Enriqueta Almanza dirigirían y orquestarían el álbum *Sentimiento cubano* (*Cuban Feeling*),[127] con interpretaciones de Olga Rivero y Pepe Reyes de piezas del repertorio del filin o afines a este movimiento creativo. Con Hi Havana Records el cantante Pepe Reyes, voz emblemática del filin, en sesiones realizadas en los estudios de Radio Progreso, dejaría registrado el LP *Nuestra canción*, en el que, según reseña la contraportada del disco, junto a los maestros Fabio Landa y Pedro Jústiz Peruchín, también figuraría el Niño Rivera entre los orquestadores y directores.[128]

En la segunda mitad de los cincuenta el Niño dirige musicalmente la formación que apareció en créditos como Conjunto de Luis Yáñez para realizar dos grabaciones con el sello Panart: el son-calypso «El calypso es mi son» y el bolero «Triste melancolía», ambos de Yáñez y Gómez.[129] Poco después, repiten con los temas «Guapachando mi son» —songuapachá de Lázaro Núñez— y «Besos de nieve» —bolero de Rosendo Ruiz Quevedo—, en los que se aprecia la voz de Leonel Bravet, otro cantante también relacionado con el movimiento del filin.[130] En la misma línea de dirigir formatos de conjunto y orquestas para acompañar a otros intérpretes, el Niño Rivera trabaja para el sello Panart dirigiendo las grabaciones de Miriam Balmori —exuberante modelo trastocada en efímera cantante— en los boleros «Será traición» y «Razón de vivir», que al parecer serían los únicos registros sonoros que dejara. En idéntico papel, dirigiendo la orquesta, el Niño Rivera respalda cuatro grabaciones del cantante Orlando Vallejo, en plena

126. Marta Valdés. *Con el Niño Rivera*. Ob. cit., pp. 82 y 83.
127. Referencia Ferrer Lp EF-650.
128. Referencia HH-33-1001. LP *Nuestra canción*, por Pepe Reyes.
129. Referencia Panart P-2073, disco de 78 rpm.
130. Referencia Panart P-2113, disco de 78 rpm.

popularidad en ese tiempo: los boleros «La noche serena» (José Ramón Sánchez) y «Consentida» (Alfredo Núñez de Borbón); el tango «Adios muchachos» (César Felipe Vedani y Julio César Sanders) y la guajira «Un paraíso es mi Cuba» (Rosendo Ruiz padre).

En 1958 Rosendo Ruiz Quevedo, amigo del Niño, lo llama para realizar arreglos en los dos LP grabados en el estudio de Radio Progreso por Rosendo Ruiz Jr. y su Orquesta, para el sello neoyorkino Tico Records: *Havana Bound* y *Continental Chachacha*.[131] Ese mismo año sale a la luz un importantísimo disco dedicado al repertorio del prolífico autor Bienvenido Julián Gutiérrez, producido por el sello Gema bajo el título *Sones de ayer* por Miguelito Cuní y su septeto. Guillermo Álvarez Guedes, dueño y gestor del sello Gema, le confía al Niño Rivera la dirección de la grabación y la intervención como tresero. Los instrumentistas serían Oscar Velazco Florecita, en la trompeta; Luis *Lilí* Martínez Griñán o César *Nené* Pedroso, en el piano; Bienvenido Cárdenas, en el contrabajo; Antolín *Papakila* Suárez, en el bongó; Udalberto *Chicho* Fresneda, en la guitarra y como segunda voz; y Filiberto Hernández, como tercera voz.[132] Se trata de unos de los discos más exquisitos del repertorio sonero, no solo por la nómina prodigiosa de músicos, sino también por la calidad autoral de Gutiérrez, la selección de los temas y la autenticidad en la interpretación. Junto a otros afamados directores, el Niño Rivera repetiría en un disco con temas de Bienvenido Julián Gutiérrez, esta vez a inicios de los sesenta para el sello Panart, bajo el título *Estampas populares* de Bienvenido Julián Gutiérrez.

---

131. *Havana Bound* (Tico Records LP-1054) y *Continental Chachachá* (Tico Records LP-1039), publicados en 1959 por Tico, Estados Unidos. Información consignada por Rosendo Ruiz Quevedo: ob. cit., p. 14. También en: <https://www.discogs.com/es/Rosendo-Ruiz-Jr-Continental-Cha-Cha-Cha/release/10474693> y <https://www.discogs.com/es/Rosendo-Ruiz-Jr-And-His-Orchestra-Havana-Bound/release/8780994>.

132. Jesús Blanco Aguilar. Ob. cit.

El Niño Rivera en las Cuban Jam Sessions

La investigadora, editora y periodista norteamericana Judy Cantor-Navas no se equivoca cuando afirma que los discos de las míticas y afamadas Cuban Jam Sessions «resumen el panorama histórico y estilístico de la música cubana desde el son montuno, las big-bands hasta la rumba afrocubana, pasando por el mambo, el cha cha chá y la música guajira acústica, al mismo tiempo que dan testimonio de la larga relación de Cuba con el *jazz* y la música popular estadounidense».[133]

Grabadas en fechas indeterminadas entre 1956 y 1959, y sabiamente recogidas por el sello Panart, evidencian no solo la maestría en el aspecto instrumental de sus participantes, así como el ambiente descargoso y lúdico que reproducía los encuentros habituales en que se enfrascaban los músicos más inquietos y creativos de entonces —que en muchos casos solían tocar juntos en sus lugares de trabajo cotidiano—, sino también la sagacidad del ejecutivo disquero en recoger en el acetato la música y además el ambiente que rodea la descarga. Esta no era exactamente una jam session en el sentido estricto en que lo habían entendido hasta entonces los músicos norteamericanos.

Lamentablemente, poco quedó documentado de aquellas sesiones y grabaciones, y la reconstrucción que algunos de sus protagonistas pudieron realizar varias décadas después, a instancias de investigadores y periodistas, ha empañado el acceso al dato preciso.

La presencia del son montuno en estas descargas hacía imprescindible la participación del tres del Niño Rivera: era impensable no considerarlo. Así, aunque su nombre no aparece claramente indicado en los créditos de las numerosas reediciones que han tenido esas míticas grabaciones, el Niño Rivera fue uno de aquellos músicos iluminados que integraron la nómina convocada por vez primera por el director y compositor Julio Gutiérrez para «ir a descargar» en el estudio Panart, por iniciativa de Ramón Sabat,

---

133. Judy Cantor-Navas: «The Complete Cuban Jam Sessions», *booklet* que acompaña a la edición homónima que recoge las sesiones grabadas por Panart Craft Recording (Concord Music Group Inc., Los Angeles, 2018).

creador y dueño del sello Panart. Era un all-stars sin lugar a dudas. A partir de los créditos que aparecen en los discos y de testimonios de algunos participantes, con el tiempo se ha podido reconstruir, con aceptable proximidad a la verdad, la alineación de estas grabaciones: aparecieron indistintamente Julio Gutiérrez, Pedro Jústiz Peruchín y Orestes López en el piano; Alejando, el Negro Vivar en la trompeta; Emilio Peñalver y José *Chombo* Silva en el saxo tenor; Edilberto Scrich en el saxo alto; Virgilio Vixama y Osvaldo *Mosquifín* Urrutia en el saxo barítono; Juan Pablo Miranda y Richard Egües en la flauta; Israel *Cachao* López y Salvador *Bol* Vivar en el contrabajo; Jesús *Chuchú* Esquijarrosa y Guillermo Barreto Barretico en los timbales; Oscar Valdés Campos y Rogelio *Yeyo* Iglesias en el bongó; Marcelino Valdés Valdés y Arístides Soto, Tata Güines en la tumbadora; Walfredo de los Reyes Jr. en la batería; y Gustavo Tamayo en el güiro. Sin que aparezca en los créditos, se comprueba la participación de Francisco Fellove en el tema «Cimarrón» del volumen I dirigido por Julio Gutiérrez, donde también se escucha un tres electrificado que parece ser el del Niño Rivera; lo mismo que en «Theme on Cha Cha Cha». En los discos se aprecia además las voces de algunas de las "muchachitas" del cuarteto D'Aida —Elena, Haydeé, Moraima y Omara— en algunos coros y en alegres gritos de apoyo y aprobación.[134]

Cachao y su Combo

---

134. Judy Cantor-Navas: «The Complete Cuban Jam Sessions». Ob. cit.

En uno de estos discos, publicado bajo el nombre de *Descargas cubanas* por Cachao y su combo y también como *Cuban Jam Sessions in Miniature. Descargas por Cachao y su ritmo caliente*, se asegura en todos sus cortes el ambiente descargoso y la brillantez de cada solista en su instrumento; en el caso del Niño Rivera, este protagoniza el tema «Oye mi tres montuno», donde integra de modo prodigioso su tres al ambiente de descarga, en solos espectaculares. El estribillo que repiten los cantantes reza:

> *Lo baila Juana,*
> *Lo baila Bruno,*
> *Si toca el Niño*
> *Su tres montuno.*

Y luego se reafirma la presencia del tresero en otro coro:

> *Niño, Niño,*
> *Toca tu tres montuno.*

Luego de la iniciativa de Panart con sus *Cuban Jam Sessions*, otros sellos discográficos toman la idea y realizan algunas producciones similares. El naciente sello Maype decide no quedar rezagado y dispone el registro fonográfico de un disco de descargas, que se graba en los estudios de Radio Progreso en fecha no precisada entre finales de 1959 y el año 1960. Para ello también se convoca a Israel *Cachao* López, quien asume la dirección del proyecto, al igual que en sus sesiones para Panart. El Niño Rivera es uno de los músicos que llama el inquieto contrabajista, compositor y director para registrar este disco, que terminó nombrándose *Jam Session with Feeling. Descargas cubanas. Cachao y su orquesta.* Junto a Cachao y su bajo intervienen Alejandro, el Negro Vivar y Armandito Armenteros en las trompetas; Generoso *Tojo* Jiménez en el trombón; Orestes López en el piano, Ricardo *Papín* Abreu y Arístides Soto, Tata Güines en las tumbadoras; Rogelio *Yeyo* Iglesias en el bongó y Gustavo Tamayo en el güiro.[135] El catálogo del recién creado sello Maype reseña en 1960 la aparición de este LP, pero no hay evidencias de que haya sido publicado y distribuido en Cuba, pues su primera edición parece ser la realizada por el sello productor Maype recién domiciliado en Estados Unidos.

---

135. José Reyes Fortún. *Un siglo de discografía cubana.* Ob. cit., p. 335.

Como la anterior descarga dirigida por Cachao para Panart, la de Maype incluirá un tema dedicado a Rivera: «El Niño toca el tres», de la autoría del propio Israel López.

A finales de los cincuenta, el Niño Rivera centra la tercera de las míticas descargas patrocinadas por el sello Panart, «olvidada hasta por sus admiradores», según afirma acertadamente Nat Chediak.[136] A ello contribuyó, entre otras cosas, el hecho de que, hasta donde se sabe, el disco nunca fue publicado en Cuba, como una de las tantas grabaciones que quedaron en un limbo de tiempo, en el definitivo parteaguas que representó el triunfo de la Revolución Cubana el 1 de enero de 1959 y las subsiguientes intervención y nacionalización de la industria discográfica cubana el 29 de mayo de 1961, incluidos los estudios de Panart y la Cuban Plastic and Record Co. Esto provocó, hoy lo sabemos, además del súbito desconcierto y de posteriores incomprensiones que se hicieron definitivas, alteraciones de tipo industrial y documentales, tales como la publicación de discos idénticos en Cuba y Estados Unidos, la no salida al mercado de producciones ya realizadas o, en el mejor de los casos, la salida tardía o en el exterior de muchas producciones que ya habían sido grabadas y no publicadas. Esta última fue la suerte que corrió el tercer volumen de las *Cuban Jam Sessions*, protagonizado por el Niño Rivera y cuya primera edición parece haber sido publicada en Estados Unidos en 1962 por la marca Panart, su productora.

El Niño reunió en el estudio Panart a una verdadera constelación de estrellas: Orestes *Macho* López en el piano; Alejandro El Negro Vivar en la trompeta; Emilio Peñalver en el saxo; Richard Egües en la flauta; Salvador *Bol* Vivar en el bajo; Guillermo Barreto en los timbales; Rogelio *Yeyo* Iglesias en el bongó; Arístides Soto Tata Güines en la tumbadora y Gustavo Tamayo en el güiro, además del Niño Rivera como director y tresero. Se trata de cuatro grandes descargas cubanas, en temas que duran más de diez minutos —«Montuno swing», «Montuno guajiro», «Chachachá montuno» y «Guaguancó-comparsa»—, como en el resto de las descargas de Panart; pero en este caso están muy enraizadas en el son y con el tres como protagonista. El caso de «Guaguancó-comparsa» sin dudas fue el corte más experimental y logrado, por los inolvidables solos del Negro Vivar en la trompeta, Macho López en el piano, Yeyo Iglesias en

136. Nat Chediak. *Diccionario de jazz latino*. Fundación Autor, Madrid, 1998, pp. 190-191.

el bongó y Armandito Armenteros en el saxo. Cuentan que uno de los técnicos del estudio, religioso yoruba, puso su voz en este tema. En el corte «Montuno guajiro» el Niño Rivera lleva el tres a dimensiones insospechadas, dialogando con la flauta de Richard Egües mientras que la percusión respalda sin fisuras esta maravilla.[137]

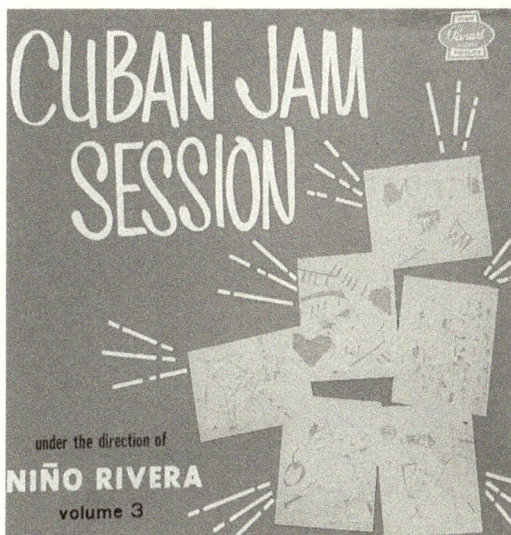

En cuanto a las fechas de registro y salida al mercado, las fuentes que abordan este tema no se ponen de acuerdo y ubican las grabaciones de todas estas sesiones entre 1956 y 1960, pues parecer ser que el propio carácter informal del hecho musical impidió tomar mayores previsiones que las documentaran.

Lejos de clasificar estrictamente en las llamadas *jam sessions* del *jazz*, estas descargas de ritmos absolutamente cubanos, basadas en el predominio del tres y la percusión afrocubana, muestran las posibilidades expresivas que, en similar dirección a la del *jazz*, puede propiciar un formato como este y unos instrumentistas en total libertad creativa y de improvisación desde el son montuno, el chachachá, el guaguancó, pero con un universo propio de información musical en el que el *jazz* era una de las fuentes más recurrentes.

De su amistad con Salvador *Bol* Vivar, presente en estas grabaciones, al Niño Rivera le quedó un pequeño tres que el contraba-

---

137. LP *Cuban Jam Session under the Direction of Niño Rivera,* vol. 3, Panart 3090. Publicado por Panart Records, en Nueva York. Reeditado en *CD Pack The Complete Cuban Jam Sessions*, Craft Recordings, una división de Concord Music Group (CR-00100).

jista le regaló: es el instrumento que exhibe el Niño en la foto de la portada del LP *Niño Rivera y su ConjBand* y será parte de una historia de veneración musical de años —la cual aparece narrada en estas páginas, más adelante.

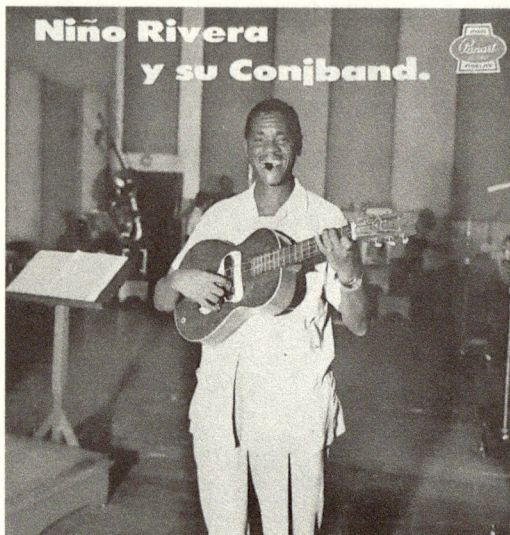

En medio del *boom* criollo de creación de sellos discográficos, en los últimos años de la década de los cincuenta, el pianista y director orquestal Ernesto Duarte se decidió también a crear el suyo propio identificado con su apellido, y reclamó la pericia del Niño Rivera, quien realizó arreglos para artistas del catálogo Duarte: Rolo Martínez, Fernando González, Tata Ramos y el conjunto Rumbavana; mientras que con el sello Gema el Niño hizo arreglos de piezas para Miguelito Cuní, Fernando Álvarez y Celeste Mendoza, y dirigió algunas formaciones acompañantes.[138]

138. Aunque se sabe del trabajo de Niño Rivera como arreglista para estos sellos e intérpretes, los discos no indican este crédito, algo que era común en la época, pues el productor decidía si indicar o no el nombre del arreglista.

En 1959 el inquieto precusionista —tumbador— Félix *Chocolate* Alfonso crea un nuevo conjunto: Las Estrellas de Chocolate, en cuyo *line-up* inicial alinearon el Niño Rivera con su tres, Agustín Cabrera con voces y guitarra, David Palomares con el piano, Armando Albertini, el Gorila con la trompeta y la dirección, Chino León Lahera y Arístides Valmaseda en las voces líderes, Filiberto Hernández con la voz, Sergio de Cuba con el bajo y Pichi con el bongó. De inicio, Albertini y Palomares llevaban las riendas del grupo, mientras que el Niño Rivera se hacía cargo de los arreglos, que reafirmaban la línea del conjunto, afín al estilo del de Arsenio Rodríguez, al que perteneció Chocolate entre 1945 y 1950, con claras influencias del Conjunto Chappottín —una derivación de la formación de Arsenio— y del conjunto Casino. De inmediato Las Estrellas de Chocolate se hacen populares en Cuba y en algunos mercados musicales de Latinoamérica, al ser reproducidos sus primeros discos por el sello Adria —el sucedáneo de Puchito en Miami, Florida.

El tres del Niño Rivera aparece en el primer disco que graban Las Estrellas de Chocolate, bajo el título de *Fiesta cubana*, publicado por el sello Puchito en 1960. Se incluyen en él dos piezas de su autoría: «Los caminantes» y «Fiesta en el cielo». El Niño y su tres inimitable destacan en el son-afro «Fanía» —conocido también como «Fanía Funché»—. Por cierto, nótese que el vocablo "Fanía" fue utilizado por el autor de esta pieza —Reinaldo Bolaños— acentuado en la letra 'i', antes de que Johnny Pacheco y Jerry Masucci decidieran emplearlo —sin acento— para bautizar su sello discográfico, que revolucionaría después la música latina a nivel internacional. Es ya un lugar común en muchos textos afirmar que ambos productores se inspiraron en este tema de Bolaños, interpretado por Las Estrellas de Chocolate y con el tres y arreglos del Niño Rivera, para nombrar a su exitosa y prolífica compañía discográfica.[139]

Sin embargo, el Niño no permanecerá mucho tiempo con la formación de Chocolate y su tres solo se escucharía en ese primer disco, ya que muy pronto se iría para iniciar otro proyecto. Quedaría, en Las Estrellas de Chocolate, Papi Oviedo a cargo del tres.

Niño Rivera y sus cinco hijos
Fotografía: Cortesía Mario Echevarría Cruz

---

139. Adriana Orejuela Martínez. *El son no se fue de Cuba. Claves para una historia. 1959-1973*. Editorial Letras Cubanas, La Habana, 2006, p. 135; y <http://fidelseyeglasses.blogspot.com/2008/10/estrellas-de-chocolate-cuba.html>.

En 1958, el Niño Rivera, inquieto y siempre en incesantes búsquedas, crea el ritmo afrokán. Encuentra oídos receptivos en los gestores del recién creado sello Gema —los hermanos Guillermo y Rafael Álvarez Guedes, y el pianista y director orquestal Ernesto Duarte—, quienes, según artículo aparecido en la prensa de aquellos años, le graban cuatro temas con ese nuevo ritmo: «Afrokán», «Tarde de enamorados», «El turista» y «Catalina». El artículo, titulado "Frenan el ritmo 'Afrokán'", se centra en la inacción de la disquera, que no acababa de fabricar y poner en el mercado los discos con el nuevo ritmo. El anónimo periodista escribe lo que interpreta de lo que el Niño le cuenta acerca de su nuevo ritmo:

> El afrokán es una modalidad con más sabor, dentro de los ritmos afro-cubanos con innovaciones en las intervenciones del bongó, las maracas, el cencerro y las tumbadoras con variantes en los matices y dinámica de la orquesta, y que no olvida la muy cubana figura llamada "cinquillo", que se emplea en el saxo y que es lo que le da el "cierre" al complemento rítmico en sí. El afrokán es eminentemente bailable, su melodía es accesible a todos, es decir, es pegajosa, fácil de captar y así lo comprobamos cuando estaba montando meses atrás los célebres cuatro números grabados por la marca Gema.[140]

Ante la falta de respuesta de Gema, que según el Niño tenía «en la nevera» estos temas, este comenta al periodista: "Estoy ya en tratos con Sonos de México, para lanzar por medio de esa firma los números que no han sido procesados por Gema. Ni a mí, ni a ningún otro compositor puede interesarnos que un nuevo ritmo, o un número cualquiera, se grabe y quede 'congelado' hasta no se

99

---

140. Anónimo. «Frenan el ritmo 'Afrokán». sección: «Reflejos de la farándula», recorte de periódico que no indica fuente ni origen, colección personal de Mario Echevarría Cruz.

sabe cuándo. Necesitamos pasear el número, en eso no hay otro camino, y si uno se cierra, hay que abrirse por otro rumbo".[141]

No se han encontrado evidencias de que finalmente alguno de estos temas haya sido publicado por el sello mexicano Sonos, pero sí de la salida bajo la marca Gema, en un sencillo de 45 rpm con el título «Afrokán del turista» por una de sus caras. Hasta la revista *Bohemia*, entonces de amplia circulación, se hace eco del suceso, pero el ritmo afrokán, al igual que ocurrió con el *cubibop*, no tuvo repercusión comercial. Se anticiparía así el Niño Rivera al término popularizado años después por Pedro Izquierdo, creador del ritmo mozambique y quien asumió como seudónimo artístico y personal el de Pello el Afrokán. Según testimonios familiares, el Niño Rivera nunca reclamó a Pello la apropiación, aunque, en rigor, los objetivos del Niño Rivera y Pello el Afrokán en el uso del término fueron diferentes.

Fotografía: Cortesía Colección Gladys Palmera

El Niño no se detiene. Ya el incansable músico había trascendido el formato de conjunto en múltiples grabaciones, pero ahora iba a más: su nuevo proyecto en 1959 es la creación de Niño Rivera y su Conjband, una formación con una estructura instrumental que incluye los elementos esenciales del conjunto y de la *big band*, donde se destaca la inclusión, en la sección de metales, del saxo-

141. Ibídem.

fón, junto a las trompetas. De ese momento surge el disco Niño Rivera y su Conjband, en el que las voces principales están a cargo de Gilberto *Gil* Valladares y Frank García, cantantes pocos conocidos entonces y con escaso impacto posterior, lo que probablemente incidiría en el destino que tendría este disco en momentos en que la popularidad de una formación dependía en mucho del carisma y el impacto de sus cantantes solistas.[142] Se incluyen varios temas de la autoría del Niño: los inspirados boleros «Tu fracaso y el mío», «Eres mi felicidad» y «Fiesta en el cielo», el chachachá instrumental «Cherivón», y el son montuno «Monte adentro», además de «Jamaicuba», de la autoría de su esposa Esther Cruz; todos con arreglos que transparentan el estilo del Niño Rivera en el tratamiento de los metales y la percusión.

De esta etapa comentaría Pancho Amat:

> La aparición del saxofón en los formatos de conjunto ya había ocurrido antes en Puerto Rico con Cortijo y su Combo, que tenía también trompetas y saxofones. Y el Niño por aquí haciendo lo mismo, sin ningún contacto con lo que estaba pasando en Puerto Rico, igual que le ocurrió cuando creó el cubibop, sin ningún punto de contacto con el cubop que se gestaba en Nueva York.[143]

El disco es editado por el sello Panart justo en el umbral de un hecho que cambiaría el sentido y el destino de la industria discográfica cubana: su intervención y nacionalización en marzo de 1961, como parte de las medidas adoptadas por el novel gobierno revolucionario, tras el triunfo de enero de 1959. El Conjband se mantendría como formación musical y, dirigiéndola y tocando su tres, el Niño Rivera recorrería el país y se presentaría en programas de radio y televisión.

---

142. Referencia Panart LP-3106.
143. Pancho Amat. Entrevista por la autora. Teatro Nacional, La Habana, 27 septiembre de 2018.

Las grabaciones con Mongo Santamaría

En los primeros meses de 1960 Mongo Santamaría llega a La Habana junto al percusionista estadounidense de origen boricua Willie Bobo.[144] Con una ascendente carrera en Estados Unidos, Mongo exhibía ya un palmarés relevante como percusionista de prominentes figuras del *jazz* y la música latina —desde Pérez Prado, Tito Puente, hasta Cal Tjader, entre otros— y ya tenía en su haber algunos discos como artista principal, en los que acerca al público norteamericano a las raíces de la música y las religiones afrocubanas. El objetivo del viaje: realizar, con un enfoque particular, una serie de grabaciones de música tradicional y afrocubana para el sello Fantasy, de la Costa Oeste norteamericana. Mongo traía en mente el nombre de la única persona que podía garantizar la sonoridad que pretendía darle a este trabajo: el Niño Rivera.

Juan de Marcos González se refirió así a este hecho:

> Creo que ha sido [el Niño Rivera] uno de los más importantes orquestadores de su tiempo para conjunto sonero. Imprimió a este formato el mismo sello que Bauzá imprimió a la big-band afrocubana en Nueva York. Esa es la razón por la cual cuando Mongo y Willie Bobo vinieron a La Habana a principios de los 60, ¿a quién buscaron para escribir el disco? Fue al Niño (no a [Armando] Romeu, por ejemplo). Ellos querían un combo y el Niño sería el indicado para orquestar este formato pequeño. Él me dijo personalmente que había escrito "Hey Guapacha" y "Jamaicuba". Y por eso fueron los temas que escogí hace ya tantos años para mi orquesta, en el tributo que le hice.[145]

Mongo reunió a un verdadero todos estrellas: además del Niño, acudieron al estudio de grabación el pianista Paquito Eche-

---

144. Su nombre real era William Correa (Harlem, Nueva York, 28 de febrero de 1934-Los Angeles, California, 15 de septiembre de 1983).
145. Juan de Marcos González. Entrevista por la autora (correos electrónicos), 29 de agosto 2018.

varría, los contrabajistas Papito Hernández y Salvador *Bol* Vivar, Armando Armenteros y el Fiñe en la trompeta, Julio en la flauta, Gustavo Tamayo en el güiro, junto a Luis Santamaría, primo de Mongo, el cantante Yeyito Iglesias, Cheo Junco y Armando Raymact.[146] Según Dick Hadlock en las citadas notas del disco: «esta banda improvisada y tan poco ortodoxa estaba lista para 'agarrar' los inusuales arreglos del Niño [Rivera]».

Estos registros serían publicados por Fantasy bajo los títulos *Our Man in Havana* y *Mongo in Havana*,[147] pero, aunque su nombre figura en los créditos generales de las sesiones, la participación del Niño Rivera se circunscribe al disco *Our Man in Havana*, en calidad de arreglista de todos los temas, director musical y ejecutante del tres. En las notas escritas por Dick Hadlock, el crítico norteamericano no oculta su admiración por el Niño Rivera, al tiempo que consigue una certera caracterización de su papel en estas grabaciones:

> Mongo asegura un equilibrio adecuado de disciplina y libertad, así como una síntesis ideal de la música tradicional y la experimentación moderna. El músico clave en esta delicada tarea, después del propio Mongo, es Niño Rivera, un tresero sin igual en toda Cuba y el principal arreglista de la música de Cuba. Debido a que Rivera posee una rara combinación de intuición popular e iluminación musical en cuanto a formas, sus arreglos pueden permanecer dentro de un marco tradicional mientras se mueven hacia un territorio inexplorado. Es, como los mejores arreglistas de jazz, menos preocupado por mostrar su talento para escribir que por sacar lo mejor de cada miembro de la orquesta. Y sus partituras, una vez más como en buenos arreglos de jazz, dejan mucho espacio para la improvisación. Niño, por cierto, es probablemente el único hombre en la faz de la tierra que podría interpretar las tres partes en sus propios arreglos, ¡porque nadie antes de él ha considerado el instrumento de "lectura"![148]

---

146. La nómina de músicos aparece en el disco con nombres sin apellidos y apodos. Algunos fue posible completarlos; otros, como Julio y el Fiñe, no.

147. LP *Our Man in Havana*: Fantasy 3302; y Mongo in Havana: Fantasy 3311.

148. Dick Hadlock: notas al LP *Our Man in Havana*. *Mongo Santamaría and His Men* (referencia Fantasy 3302, 1960). Traducción por la autora.

El vinilo incluye dos temas de la autoría del Niño: «Jamaicuba» y «He Guapachá».[149] Hadlock califica el primero de "dinámico guapachá, que se construye sobre una base armónica simple, dejando el camino libre para una buena improvisación. La forma son-montuno es sugerida por la simplicidad y la libertad de esta pieza que, como la mayoría de la música de La Habana, combina la sofisticación urbana con la urgencia de la expresión autóctona popular". De «Hey Guapachá», Hadlock comenta: «En esta obra suya, ejecuta de modo magistral el tres, junto al trabajo de la trompeta, que suena mucho más que un simple toque de *jazz*. El ritmo conseguido es una especie de híbrido habanero que se mueve entre el mambo y el chachachá».

En *Mongo in Havana*, el contenido está más centrado en la música religiosa de los cultos afrocubanos y las rumbas de tradición populares, en su estado puro.

---

149. «Jamaicuba» aparece después registrado a nombre de Esther Cruz, su esposa. «He Guapachá» es realmente «El Guapachá», de la autoría de Niño Rivera.

En mayo de 1961 se había producido la intervención y nacionalización de la industria discográfica, sus sellos y estudios. La prensa de los meses inmediatos a este hecho no mostró alarma alguna y, casi con entusiasmo, agregó junto al sello Panart la palabra «nacionalizada», como también ocurría con algunos discos producidos en esos meses. Las revistas y diarios que recién habían inaugurado secciones dedicas al mundo del disco continuaban anunciando nuevas producciones y lanzamientos. Los cabarets seguían sin cambios aparentes. La radio y la televisión serían quizás los medios que de modo más inmediato sintieron y transmitieron los radicales cambios que ya se implementaban. Pero justo ese año de 1961, meses después, a medida que cambiaban las administraciones y las condiciones económicas que estas traían como novedades, comenzó el éxodo de los músicos y el no retorno de muchos de los que estaban fuera de Cuba cumpliendo contratos. Se iniciaba en el ámbito estatal el acercamiento creciente a los países del extinto bloque socialista. Las ya inexistentes Unión Soviética y Checoslovaquia, junto a Bulgaria, eran en ese momento los países más activos en el establecimiento de vínculos culturales con Cuba.

El Niño Rivera, en cambio, como la gran mayoría de sus colegas del filin, permaneció en Cuba y asumió la triunfante Revolución como una conquista deseada. Comenzó a vincularse a las acciones de cambio y creación. A inicios de los sesenta dirigió la orquesta que grabó el disco *Praga, Cuba te saluda*, con piezas de autores cubanos y checoslovacos; este fue uno de los cinco primeros discos producidos por el naciente sello Areíto. El Niño Rivera hizo los arreglos de todos los temas.

A finales de 1961, como parte de ese proceso, se creó la Imprenta Nacional de Cuba, con un sello discográfico adjunto que funcionó hasta 1964, año en que se fundó la Empresa de Grabaciones y Ediciones Musicales (Egrem). Ello implicó, entre otros cambios, un sistema de contratos de trabajo fijo. El Niño fue designado como uno de los directores musicales y arreglistas de la naciente institución, en justo reconocimiento y respeto a su estatura y méritos musicales. Como tal, integró una delegación que viajó a un congreso de músicos e intelectuales en Roma, y luego se desplazó a Praga, para algunos intercambios con la marca disquera Supraphon y otras instituciones, pues se habían fracturado los canales tradicionales de suministros para la fabricación de discos, con motivo de la sucesiva escalada de las tensiones entre Cuba y Estados Unidos que desembocaron en el bloqueo-embargo comercial total decretado el 3 de febrero de 1962 por el gobierno de John F. Kennedy.

El Niño Rivera regresó a Cuba y en 1963 formó parte de un espectáculo que recorrió ciudades de las extintas Alemania del Este (República Democrática Alemana) y la Unión Soviética. A su regreso, y a partir de la experiencia de esta gira, se insertó en la revista musical *Cuba ya*, de la cual tomó el nombre para denominar un nuevo ritmo creado: el ritmo *cubayá*. Según describió el propio Niño, la formación del *cubayá* tenía como elemento relevante un gran grupo de percusión integrado por cuatro tambores afinados por cuarta, una caja, una tumbadora, un tumbador, un quinto y una pareja de bongóes. Las trompetas, un trombón, un saxo alto, piano, bajo, guitarra eléctrica y cuatro cantantes —dos voces femeninas y dos masculinas— se integrarían para completar el ensemble.[150] La formación de esta banda incluía a la esposa del Niño, Esther Cruz, cantante y compositora.

Del ritmo *cubayá* ha quedado un disco sencillo, con los temas «Keenke» y «Así bailo yo», además de varias grabaciones radiales inéditas. En todo caso, la obsesión del Niño Rivera por crear un ritmo de impacto se vio esa vez enfrentada a la inusitada aparición de una multitud de ritmos en estos años sesenta, como el *pacá* de Juanito Márquez, el *pilón* de Enrique Bonne y Pacho Alonso, el *mozambique* de Pello el Afrokán, por solo citar los que estremecieron la música popular bailable cubana. El *cubayá*, lamentablemente, se diluyó en ese torbellino, principalmente por la fiebre del *mozambique*, que se vio favorecido por el apoyo de los medios de difusión ya en manos estatales, en su afán de hacer todavía más «de pueblo» la música popular.

En 1961 Alfredo González Suazo organizó La Peña de Sirique, en la herrería que ocupaba el número 211 de la calle Santa Rosa

---

150. Esta descripción aparece en un recorte de prensa, sin indicación de fuente ni origen, que se conserva en el archivo de Mario Echevarría Cruz, hijo de Niño Rivera.

entre Infanta y Cruz del Padre, en la barriada del Cerro. Su creador y anfitrión, conocido como «Sirique», convocó, entre otros, a Isaac Oviedo y a Graciano Gómez para que cantaran en su inauguración y él aseguraría que el lugar y el ambiente fueran lo suficientemente atractivos para soneros y trovadores, de modo tal que su continuidad fuera la necesidad del encuentro. Isaac Oviedo recordaría algunos de los nombres que regularmente coincidían en aquel abigarrado espacio: «Sindo Garay, Bienvenido Julián Gutiérrez, Salvador Adams, Graciano Gómez, Rosendo Ruiz, Niño Rivera, el Chori, y se tocaron todos los ritmos cubanos, desde el son, la guaracha y el bolero hasta el montuno y el guaguancó».[151] El Niño sería presencia habitual de esos encuentros trovadorescos y soneros hoy legendarios y que se extenderían durante toda la década de los sesenta. La Peña de Sirique vería nacer por iniciativa de su creador el grupo Los Tutankames, todos septuagenarios u octogenarios, cuyo lema era: «Un maestro en cada instrumento y, en conjunto, un asilo de ancianos». El tresero era nadie menos que Isaac Oviedo y es fácil imaginar que alguna vez pudo haber ocurrido, en aquel ambiente bohemio, el mano a mano que todos habrían querido disfrutar: el de los dos grandes Oviedo y el Niño.

A partir de esa década el genial tresero y su conjunto vivirán tiempos de programas televisivos, bailes populares y presentaciones en centros de diversión por toda la isla. El Niño Rivera continúa una labor estable con su grupo musical, que durará hasta 1986. Todo esto en simultaneidad con su labor en la Egrem, como director y también como arreglista. De ese tiempo serán los arreglos que hará por encargo de este sello para Pío Leyva, Fernando Álvarez, Ela Calvo, Elena Burque y otros.

---

151. Leonardo Padura Fuentes. «Isaac Oviedo, el tres en ristre». *Juventud Rebelde*, La Habana, 19 de abril, 1987.

El Gran Fellove en La Habana

Desde que el Gran Fellove inició su carrera musical, que cristalizó definitivamente en México, el Niño Rivera había sido prácticamente su único arreglista. El grupo del filin y la pertenencia a la editorial Musicabana los hizo cercanos y luego en México fue Fellove uno de los que recibió y acogió al Niño Rivera a su llegada a la capital azteca. Cuando aún era uno de los cantantes del mexicano Conjunto Batamba, una de las primeras grabaciones de Fellove como voz principal fue «El Jamaiquino», del cual fue también uno de sus primeros intérpretes, haciendo una muy personal apropiación del tema, que sería, en definitiva, uno de sus éxitos más sólidos y que le catapultara a la fama en México y en sectores latinos de Estados Unidos. Al calor del éxito de «El Jamaiquino», Fellove consiguió, durante su paso por el Batamba, que la RCA Victor le grabara algunos temas de su autoría como »No me agites más», «Rápido chachachá», «Mi chachachá y el mambo» y su *hit* «Mango mangüé».

En 1978 Fellove, ya radicado desde hacía años en México, y quizás aguijoneado por el deseo de reverdecer laureles, viajó a La Habana y grabó el LP *Fellove* para el sello Areíto/Egrem; un disco producido y dirigido por Tony Taño[152] y en el que el Niño puso el tres y, además, hizo las orquestaciones de dos temas de su propia autoría —«El Jamaiquino» y «Jóvenes y viejos»—, de dos de Fellove —«Mangüé» y «Dos caminos»— y de uno de Jorge Mazón —«Rey Negro»—. Aunque la dirección de la Egrem designó a Taño para dirigir esta producción, la participación del Niño en este proyecto fue crucial por su proximidad a Fellove y por el conocimiento que siempre tuvo de su desempeño artístico-musical. Es evidente su decisiva presencia en la selección del repertorio y en el proceso de grabación, de lo cual resulta sugerente la inclusión en el diseño de contracubierta del disco de una foto de Fellove junto al Niño Rivera, captada por el lente del cubano Roberto Salas.

El bajista Fabián García-Caturla, quien fue amigo del Niño y participó como músico de sesión en esa grabación, recuerda un hecho que demuestra quién era el Niño Rivera:

> El productor designado para ese disco fue Tony Taño, y como el Niño fue el arreglista de Fellove, compartieron la dirección musical y cada uno hizo seis arreglos para completar los doce cortes del disco. Teníamos grabación y el Niño no había llegado al estudio y Tony nos dijo que iba «a apretar» al Niño en un solo de cuatro acordes para improvisar con el tres. El tema era «La fiesta no es para feos», de Walfrido Guevara. Ya nosotros habíamos ensayado antes el número, pero el Niño llega tarde, pues vivía lejos, en la calle Josefina, en La Víbora y tenía que moverse en guagua, con la dificultad sabida. Llega, se excusa apenado: "Mire, maestro, disculpe, llegué tarde por el transporte". Taño le dice que no importa, le da el título del tema que iban a grabar, le dijo que lo buscara, que afinara para hacerlo enseguida. Y que ya nosotros habíamos ensayado. Taño, por detrás, risueño, nos hace seña, como diciéndonos: 'Lo voy a apretar'. El Niño estaba muy tranquilo, afinó y Tony Taño, por el micrófono y sin

152. Antonio María Taño López (Tony Taño). Caimito del Guayabal, Artemisa, 20 de abril de 1938-La Habana, 16 de enero 2018.

previo aviso, dice: «Después de esta letra, Niño, te toca hacer un solo de 16 compases». Empiezan directamente, y cuando llegó el turno del Niño, (yo estoy escuchando por los audífonos) metió un solo realmente histórico. Cuando salió muy normal, sin ningún alarde, como solía él salir de la cabina de grabación, Tony se le acercó y dio un abrazo diciéndole: "¡Verdad que usted es un caballo!". Y ese es el solo que está en el disco: ¡quedó la primera vez, de arriba abajo![153]

Niño Rivera y Fellove grabando el disco Fellove *en estudio Areito*
Fotografía: Archivo Egrem

153. Fabián García Caturla. Entrevista por la autora. La Habana, 10 de septiembre 2018.

LAS GRABACIONES CON LA TÍPICA 73

James Carter había asumido en 1977 la presidencia del gobierno de los Estados Unidos, para un mandato que se extendería hasta 1981. Con una política menos agresiva hacia Cuba, su gestión propició una flexibilización legal a los viajes de norteamericanos a la Isla. Se abrieron oficinas de representación de intereses en Cuba y Washington y se dictaron medidas impulsadas por Carter para contribuir a relajar las tensiones acumuladas. De modo que, con la anuencia de las autoridades gubernamentales cubanas, se produjeron algunos acercamientos entre los músicos, quizás los primeros que ocurrían desde el establecimiento del bloqueo-embargo norteamericano a Cuba: Dizzy Gillespie visitó por primera vez la Isla ese mismo año de 1977; Irakere, con Chucho Valdés al frente, se presentó y triunfó en 1978 en el Festival de Jazz de Newport; y en 1979 se produjeron los ya legendarios conciertos conocidos como *Havana Jam*, que entre otras muchas luminarias trajeron a La Habana a los norteamericanos Billy Joel, Rita Coolidge, Jaco Pastorius y Weather Report, así como a la Fania All Stars.

Pero los precursores de esta apertura, los primeros de todos, fueron los músicos de la orquesta neoyorkina Típica 73. Su llegada a La Habana y las grabaciones que realizaran con músicos cubanos fue el preludio del *Havana Jam* y de la interacción entre artistas de Cuba y Estados Unidos, en medio de la hostilidad política que inauguró una nueva y prolongada etapa de los vínculos entre ambos países.

La Típica 73, en opinión del periodista y discógrafo José Arteaga, era la mejor orquesta de su tipo en el ámbito neoyorkino de la música latina.[154] Con una fuerte influencia de las orquestas charangas cubanas, sus integrantes eran devotos seguidores de la música tradicional bailable de la isla y de sus más destacados hacedores. La Típica 73 fue la primera formación afincada en Estados Unidos —integrada por algunos músicos cubanos que vivían allí— que logró pasar por encima de las prohibiciones que estable-

---

154. José Arteaga: La hora faniática, podcast de José Arteaga en Radio *Gladys Palmera*. <https://gladyspalmera.com/intercambio-cultural-de-la-tipica-73-en-la-hora-faniatica-con-jose-arteaga/>.

cía el bloqueo-embargo norteamericano hacia Cuba, pues no solo visitó la isla, sino que también grabó en La Habana.

John Rodríguez Jr., bongosero y productor, se confesaba fanático incondicional de la música cubana y al descubrir que ya era posible viajar legalmente a Cuba, no lo pensó dos veces y organizó un viaje a La Habana desde Nueva York vía Canadá, junto a su esposa:

> Estuvimos 10 días, disfrutamos, vacilamos, conocimos a todos los músicos, pues algunos músicos de aquí de New York llamaron allá y avisaron que un músico que había tocado con Tito Puente va para allá…, me recibieron y me trataron como un rey. Regreso y le cuento a los músicos aquí y les digo: «Hay que ir a Cuba». Los músicos se vuelven locos. Conocí a Tata Güines… a Juan Pablo… Y un día hablando con Johnny Pacheco, de Fania, le cuento y le digo: "Oye, ¡cómo me gustaría grabar en Cuba!". Y resulta que su socio Jerry Masucci, que era abogado, iba a Cuba, tenía amistades políticamente *heavy duty* allá, me responde: '¿En serio quieres grabar en Cuba? Pues déjame hacer unas llamadas...' Y se organizó todo, aplicamos y para allá fuimos.[155]

Sonny Bravo era entonces el pianista y director de la Típica 73. Ese es su nombre artístico, porque en realidad su verdadero nombre es Elio Osácar y su vínculo con Cuba era inmediato, genético y emocional: su padre, Santiago *Elio* Osácar, era el bajista del Cuarteto Caney, que fue famoso en el Nueva York latino de los años treinta y cuarenta. Su abuela materna —recordó en entrevista que le realizara la autora— se llamaba Fidelina Bravo de Douguet y era nacida en Santiago de las Vegas. Para Sonny Bravo, Cuba era su «tierra ancestral»:

> Originalmente, el formato de la Típica 73 era de conjunto. El primer LP se grabó sin tres, pero para el segundo y el tercer LP, La candela, el tresero boricua Nelson González ya estaba integrado en el grupo. Yo siempre fui fanático del Niño Rivera. ¡Todavía tengo el LP de los años sesenta Niño Rivera y su ConjBand, Panart LD-3106! ¡¡¡Y Nelson

---

155. Ibídem.

[González] ni hablar!!! Siempre fue su ídolo. Cuando fuimos a La Habana a grabar, el formato del grupo ya había cambiado varias veces. Alfredo de la Fe (violín) reemplazó a Nelson. Sin el tres, ya no era un conjunto. A las dos trompetas, les agregamos un saxo tenor/flauta y, más tarde, un saxo soprano/barítono. También se había eliminado el trombón. Pero cuando se presentó la oportunidad de grabar en la Egrem, mi socio Johnny Rodríguez y yo decidimos encargarle a Luis Cruz el arreglo del tema «Un pedacito», ¡pensando siempre en el Niño![156]

Hay que recordar que, ya en 1975, la Típica 73 había grabado su para entonces muy novedosa versión de «El Jamaiquino», cantada por Adalberto Santiago. Según las emocionadas notas del disco, escritas por Roberto Gerónimo, "la Típica 73 se convirtió en la agrupación que reanudó las relaciones artísticas entre los Estados Unidos y la República de Cuba".[157] Las sesiones de grabación se realizaron en los legendarios Estudios Areíto de la Egrem —antiguo Estudios Panart:

Las sesiones de grabación comenzaron el martes 14 de noviembre de 1978 y terminaron el viernes 1 de

156. Elio Osácar, Sonny Bravo. Entrevista por la autora (correo electrónico). San Lorenzo de El Escorial-Nueva York, 24 de febrero de 2019.
157. El LP *En Cuba-Intercambio Cultural de la Típica 73* fue consultado en la Colección Gladys Palmera, San Lorenzo de El Escorial, Madrid, España.

diciembre del mismo año —detalló Sonny Bravo—. En la primera semana se grabó la orquesta. Hubo sesiones el 14, 15, 16 y 17. El 18 tocamos una tanda en el Salón Mambí[158] y otra en ¡Tropicana! Descansamos el 19 y 20. El 21 terminamos con las pistas de la orquesta. El 22, 23, 24 y 25 se grabaron los coros y las voces principales, y se sobregrabaron los solos instrumentales de Richard [Egües], Chapo [Félix Chappottín], Juan Pablo [Torres] y el Niño [Rivera].[159]

La parte cubana designó al prestigioso compositor, productor y director orquestal Tony Taño como director de la grabación y a Adalberto Jiménez como ingeniero.

Sonny Bravo desgrana emocionado sus recuerdos sobre el Niño Rivera a cuarenta y seis años de aquellas grabaciones:

> Cuando le puse la partitura en el atril y le dije que solo tenía que improvisar en el estribillo, me dijo que no, que él quería tocar el arreglo completo, ¡y así lo hizo! De todos los íconos de nuestra música que participaron en nuestra grabación, incluyendo a Richard Egües, Chapo, Barretico, Tata, Juan Pablo Torres, Bacallao y Changuito, ¡el que más recuerdo desde mi juventud es el Niño Rivera! Cuando Arsenio estaba en su apogeo a mí me agradaba más el estilo del Niño. ¡Y yo fui criado oyendo el tres y la guitarra las veinticuatro horas los siete días de la semana![160]

El proceso de masterización transcurrió ya en Nueva York, bajo el cuidado de Bob Ludwig. Si fueron posibles el viaje y la grabación, lo imposible era que mediara un pago por los servicios prestados por la Egrem. La solución para esto fue una consola de grabación. Así lo contó John Rodríguez Jr. a José Arteaga:

158. Salón Mambí: espacio al aire libre ya desaparecido, destinado a bailables populares multitudinarios y que perteneció al cabaret Tropicana. Fue famoso en la década de los sesenta y setenta del siglo XX. Hoy forma parte del *parking* de Tropicana.
159. Elio Osácar, Sonny Bravo. Entrevista por la autora (correo electrónico). San Lorenzo de El Escorial-Nueva York, 24 de febrero de 2019.
160. Elio Osácar, Sonny Bravo. Entrevista por la autora (correo electrónico). San Lorenzo de El Escorial-Nueva York, 24 de febrero de 2019.

Se hizo un contrato porque no pudo haber intercambio de billetes: Fania nos pagó a los músicos como si estuviéramos en New York y a la Egrem de Cuba, en pago, se le mandó vía Europa un equipo de sonido, una consola de 16 canales, porque el estudio de Cuba era anticuado, ellos estaban viviendo en los cincuenta todavía, con lo que grabó la Aragón y otros; Jerry [Masucci], que tenía

esas relaciones, lo pudo armar todo para que llegara.[161]

Al momento de estas grabaciones, el cantante principal de la Típica 73 era José Alberto el Canario, en una formación que sumaba a Sonny Bravo en el piano, Alfredo de la Fe en el violín, René López en la trompeta líder, Lionel Sánchez en la trompeta, Rubén *Cachete* Maldonado en las tumbadoras y los batá, Nicky Marrero en los timbales, Dick *Taco* Meza en el saxo tenor, Dave Pérez en el bajo, Mario Rivera en los saxos soprano y barítono, y John Rodríguez Jr. en el bongó. Como lo que era, un intercambio musical, participaron como invitados quizás los músicos más legendarios en sus respectivos instrumentos entre los que vivían en ese momento en Cuba: Guillermo Barreto en los timbales; Félix Chappottín en la trompeta; Richard Egües en la flauta; Arístides Soto, Tata Güines en las tumbadoras; Juan Pablo Torres en el trombón; Raúl

161. Elio Osácar, Sonny Bravo. Entrevista por la autora (correo electrónico). San Lorenzo de El Escorial-Nueva York, 24 de febrero de 2019.

Cárdenas el Yulo, José Luis Quintana, Changuito y Eddie Pérez en la percusión; y en los coros Felo Bacallao, el cantante y bailarín de la orquesta Aragón. Y, por supuesto, en el tres el Niño Rivera,

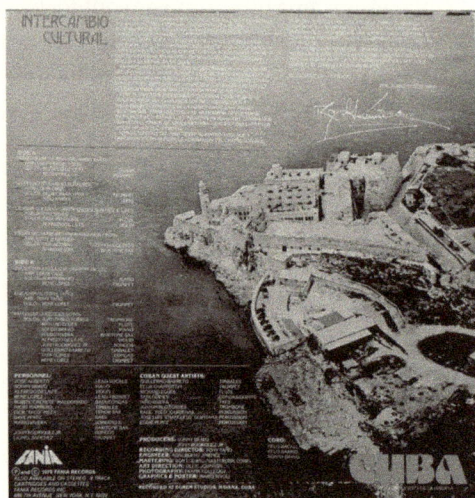

quien hizo valer su estirpe en el solo registrado en el tema «Un pedacito» (Sabino Peñalver).[162]

Así resumió Johnny Rodríguez Jr. esa experiencia inolvidable:

> Estuvimos diez días, que era lo que duraba el paquete turístico por el que fuimos por Air Canadá... por conexiones pudimos tocar de gratis en el Tropicana, en el salón ese que tiene el techo... también en el Salón Mambí, donde bailaba el pueblo, ahí se vacila... fue un great time... nos aceptaron porque el grupo era muy cubano. Conocí a todos mis ídolos, a los maestros: Chappottín, el Niño Rivera, Bacallao, Changuito, Tata Güines, Barreto... a todos, y encima de eso, para mí, yo en el medio del salón, dirigiendo a todos estos monstruos. Le decía a Sonny [Bravo]: "¡Estoy soñando! ¡¡No puede ser!! ¡¡¡Dirigiendo a toda esta gente que son mis ídolos desde niño!!! Dream comes true!! ¡Un sueño hecho realidad! [163]

---

162. Información tomada del LP En Cuba-Intercambio Cultural (Fania Records, 1979).
163. José Arteaga. Ob. cit.

El LP En Cuba-Intercambio Cultural de la Típica 73 fue publicado inicialmente por el sello Inca, subsidiario de Fania, y luego por la propia Fania Records en 1979 con referencia JM 00542; y sería distribuido en cualquier lugar del mundo, menos en Cuba. Al menos, tuvo reediciones en España, Venezuela, Japón y el propio Estados Unidos.

Si este libro recoge los recuerdos emocionados de los músicos nuyorricans Sonny Bravo y Johnny Rodríguez Jr. cuatro décadas después de aquellas históricas grabaciones, es para demostrar cuán profundo había calado la música popular cubana en ellos y de qué modo había quedado intacta la idolatría por sus más virtuosos exponentes, que habían permanecido en Cuba tras el triunfo revolucionario de 1959. El paso del tiempo que marcó la diáspora y la desconexión entre los músicos hizo que nombres como el del Niño Rivera se fueran convirtiendo cada vez más en mitos vivientes y reverenciados por quienes, desde lejos, continuaban haciendo música cubana, sin importar su nacionalidad. Las obras más populares y valiosas de muchos de los músicos que permanecieron en Cuba —el Niño Rivera entre ellos— no dejaron nunca

de grabarse y difundirse en las comunidades latinas de Estados Unidos y otros países.

El viaje a Cuba de la Típica 73, sus grabaciones y actuaciones en La Habana, fueron el preludio del fin de la orquesta neoyorquina, que a su regreso tuvo que lidiar, para su sorpresa, con las acciones hostiles de una parte influyente de la comunidad cubana residente en Estados Unidos, enfrentada al gobierno revolucionario cubano, la cual condenó ese viaje y ese intercambio cultural. Sonny Bravo resumió el amargo final: «Ese viaje a mi tierra ancestral ¡me costó la orquesta! Poco a poco se cerraron todas las puertas. Jamás tocamos en Miami, o en Union City, New Jersey, o en el Club Círculo Cubano, etc. Pero si tuviera que hacerlo de nuevo, ¡lo haría mil veces!».[164]

164. Elio Osácar, Sonny Bravo. Entrevista por la autora (correo electrónico). San Lorenzo de El Escorial-Nueva York, 24 de febrero de 2019.

Pocos meses después, ya en 1979, a la capital cubana llegaron Johnny Pacheco, Rubén Blades, Pete *el Conde* Rodríguez, Héctor Lavoe, Larry Harlow, Santos Colón, Luigi Texidor, Pupi Legarreta, Papo Lucca, Roberto Roena, Wilfrido Vargas, Adalberto Santiago, Sal Cuevas y otras grandes estrellas de la música latina en Estados Unidos, hoy muy valoradas y en aquel momento casi desconocidas en Cuba, ante la brusca fractura del intercambio y los contactos lógicos y naturales entre músicos, melómanos y bailadores de ambos países, desde 1960. ¡La Fania All Stars desembarcaba en La Habana! Sus discos, en escasos ejemplares, circulaban con dificultad por esta ciudad. Quien podía hacerse con uno, era porque lo conseguía en un viaje al exterior o porque algún allegado lo traía como regalo o lo cedía en préstamo. Los casetes grabados también circulaban, de manera que los salseros de la Fania eran poco menos que grandes mitos para los que seguían los nuevos caminos de la música cubana.

Y como la Fania tenía su tresero, el boricua Nelson González, este también llegó a Cuba por segunda vez, aunque era la primera ocasión en que venía para tocar ante los cubanos. Transcurridos casi cuarenta años, González no duda en rememorar el encuentro con el Niño Rivera como lo más trascendental de aquel periplo, en lo personal:

> Soy tresero empírico, me fascinó el instrumento y me dediqué a estudiar sobre los treseros, que pensaba eran los más importantes en la historia de la música de Cuba. Haciendo estas investigaciones en una época en que no había libros, métodos, ni nada, cuando comencé a tocar el tres, René López me dijo: «Tienes que escuchar a Arsenio, pero si quieres saber las melodías fundamentales del son montuno, tienes que escuchar a Niño Rivera». Investigué más al Niño, me puse a buscar todas sus grabaciones, quién era, con quién había tocado. Fue lo más bonito que me sucedió. Así lo conocí:

tocaba yo con la Típica 73 y empecé a hacer las primeras grabaciones con Fania.[165]

Nelson González había viajado por primera a Cuba en 1977, con los músicos de la Típica 73; aunque ya no formaba parte de la agrupación, se entusiasmó para acompañarla en aquel primer viaje para las grabaciones comentadas anteriormente. Tuvo en esa ocasión muy poco contacto con el Niño, pues decía «sentirse un poco relegado», ya que no era de los músicos que habían llegado para grabar:

> Pasa un tiempo y en eso preparan la Fania All Stars, para ir a Cuba como parte del intercambio cultural, en el *Havana Jam*, y yo caí entre ese piquete que iba a hacer el viaje. Y ese fue mi sueño hecho realidad: fue cuando conocí realmente al Niño, en 1979. Ya había conocido a Los Papines, cuando vinieron a New York, y me hice amigo de Papín;[166] y cuando llegué a Cuba le pedí a René López y a Papín que me llevaran a conocer al Niño. Se organizó una fiesta para los integrantes de la Fania All Stars y yo imploré y dije que tenía que estar el Niño. Lo que quería, era conocerlo.[167]

En cierto modo, Nelson González repetía el encuentro del tres cubano y el tres puertorriqueño, pero a la inversa: en 1933, siendo parte del Septeto Matancero, Isaac Oviedo sería uno de los protagonistas de la llegada del tres a la Isla del Encanto. Según él mismo contara al escritor y periodista cubano Leonardo Padura:

> Nos contrataron para tocar en Puerto Rico, en el cabaret Escambrón. Y allí hicimos furia, y entre la gente que se nos acercó había un muchacho llamado Piliche,[168] que se empeñó a aprender a tocar el tres conmigo, porque ese instrumento, mira tú qué cosa, no se conocía allá. Piliche iba todos los días al hotel Ritz, donde parábamos nosotros y mientras yo le enseñaba a tocar el tres, él me inició en

165. Nelson González. Entrevista por la autora (Whatsapp), 19 de noviembre 2018.
166. Ricardo *Papín* Abreu Hernández (La Habana, 19 de diciembre 1933-20 de mayo 2009).
167. Nelson González. Entrevista por la autora (skype), 25 de febrero 2019.
168. Guillermo Ayala, Piliche (1906-1993) es considerado el primer tresero.

la música puertorriqueña. Sin embargo, lo que nunca pude imaginar fue que, a través de las clases que yo le di a Piliche, el tres entró en Puerto Rico y de ahí pasó a los Estados Unidos, y sabe dios por dónde ande ya.[169]

Cuarenta y seis años después de aquel encuentro trascendental entre Oviedo y Piliche en San Juan, Nelson González conoce al Niño Rivera en La Habana.

Cuando nos encontramos, él me miró... yo no quería tocar, pero él sabía que yo era tresero y me felicitó porque iba con un grupo conocido. Hay una grabación de ese encuentro... le dije a Niño Rivera lo primero que me salió del corazón. «No creas que tu trabajo ha sido en vano, que tu labor se ha perdido entre muchos que han pasado por la historia de la música cubana y nadie se ha enterado. No creas eso, porque yo soy uno de esos que te admira y tu música para mí es lo más grande». Le aseguré que había otros treseros en New York que estaban interesados en conocer su labor musical y él agradeció todo eso. Empezamos a hablar y resulta que era tanto lo que conversábamos el Niño y yo, que nunca llegamos a disfrutar de la fiesta, no nos dimos cuenta del tiempo y habíamos hablado durante dos horas sin parar, y eso pasó en muchas otras fiestas a las que fuimos, pues estuve en varias fiestas con él y conversábamos sin parar.
Así entablamos una amistad. Yo empecé a saber más de él, por cartas. Fue lo que más me interesó, pero yo tenía un sueño y no me atrevía a pedírselo: quería que él fuera mi maestro. No se lo pedí nunca, no tuve que pedírselo, porque me dijo: «Mira, Nelsito, tú eres muy modesto y eso me gusta».
En ese viaje con la Fania, le dejé mi tres, estuches, cuerdas, todo... [...] Hay un disco de Las Estrellas de Areíto y el Niño tiene un tres, era una guitarra Fender y ese tres tenía una bandera, y era la bandera de Puerto Rico, aunque, claro, parecía la de Cuba. Llevé la guitarra Fender con un estuche especial y todo eso se lo di al Niño

121

169. Leonardo Padura Fuentes. Ob. cit.

y a él le gustó la guitarra, ya era un tres electrificado y como le gustó, se lo regalé.

Muchos años después cuando vi esa carátula con la foto miré bien y me dije: «¡Mira él estaba usando mi tres!». ¡Y me dio un sentimiento tan lindo que usara mi instrumento! Y después vi otras fotos de él con ese mismo instrumento.[170]

Tiempo después de aquella segunda visita, una situación totalmente fortuita, que vincula a Nelson González con el buque crucero *Britanis,* hizo que el tresero de la Fania volviera a La Habana:

El crucero *Britanis* navegaba por mares cercanos a Cuba cuando enfrentó un incidente con el combustible. Tuvo que recalar en el puerto de La Habana en busca de ayuda. Eso fue como a principios de los ochenta. Estaba tocando yo con Ismael Miranda, Chucho Avellanet y Marco Antonio Muñiz como parte de la animación del crucero, éramos parte del *show* del promotor que presentaba el espectáculo latino. Por esas casualidades el barco tuvo que permanecer por dos semanas en Cuba, porque no conseguían combustible para llegar al próximo país. Llegando a Cuba yo me desaparecí. Inmediatamente, sin conocer La Habana, ni dónde estaba, me lancé a buscar al Niño a su casa. […] El Niño se asombró de verme, le expliqué la aventura en la que andaba metido […]. «Quiero hanguear contigo estos diez días», le dije. Y me respondió: "¡Qué bueno!". Se alegró muchísimo. Ahí fue que me contó sobre el método de tres que había escrito… con una cámara pude hacer algunas fotos de ese método... […]. A todos los sitios que él iba, iba yo con él, y recuerdo que me llevó a un ensayo con Elena Burke, era algo de la música del *feeling* y el Niño era el líder de ese grupo que la acompañaba. No conocía a nadie, pero yo era como la cola del Niño, iba con él pegado a todas partes… yo era bien joven, nadie me conocía allí, y cuando llegábamos a los lugares, él me presentaba. Ese fue mi tercer viaje a Cuba; ya tenía correspondencia con

170. Nelson González. Entrevista por la autora (Whatsapp), 19 de noviembre 2018.

el Niño, ya él me escribía y me contaba cosas. En esos tiempos él se sentía un poquito relegado. Me decía: 'A nosotros nadie nos llama, nadie nos busca'. Eso fue antes de Las Estrellas de Areíto.

Estuve con él esos diez días. Las experiencias fueron inolvidables, porque me presentaba gente que en ese momento yo, que era muy joven, ni conocía, ni entendía bien la importancia de esas personas. Hoy tengo conocimiento de quiénes fueron esas personas que el Niño me presentó: Ñico Rojas, Frank Emilio Flynn, Fellove... Me llevaba a muchos sitios en Cuba donde se solía tocar *feeling*. Entonces no entendía yo lo que era el *feeling*, pero hoy sí...

El Niño me llevaba por las tardes y noches a muchas tertulias musicales, y yo de espectador, oyente, nunca me atreví a coger el tres frente a él. El respeto era tal que a mí me daba un bochorno... él es tan importante, y era tan importante para mí que me aceptara como tresero, que no me atrevía. Hasta que un día fuimos a una fiesta en casa de Los Papines, y andábamos con un señor que cantaba *feeling*. Y Niño cantó acompañándose con el tres, no había bajo y Papín se puso a hacer el sonido del bajo y el Niño entonces me dijo: "Bueno, Nelsito, tú qué tienes... ¡quiero verte y escucharte tocar!". ¡Y ahí tuve que sacar el resto! Y me puse con él a tocar el tres. Niño tocaba una melodía y yo alrededor de él, y viceversa, y Papín en el bajo y había otro señor que cantaba, no recuerdo el nombre, y eso lo grabaron. Esa fue la única vez en mi vida que yo toqué junto a él, frente a él. Y me dijo: '¡¡Pero tú estabas escondido!! ¡Yo quería y por fin te saqué de la cortina y te insistí para que lo hicieras!'. Iba a su casa, me sentaba con él y tocaba, después de esto, me sentí en confianza, era bondadoso, humilde, me dio esa confianza de coger el tres frente a él.

Después seguimos comunicándonos, le llamaba por teléfono. Me daba buenos consejos y me hacía reflexionar: «Te voy a decir algo», me dijo una vez, "hay treseros y hay virtuosos del tres. Virtuosos del tres hay muchos, pero treseros muy pocos. ¿En qué categoría tú quieres

estar?". Analizando eso después, muchos años después, siempre que me hablan de todos los treseros que surgen, de cómo se comen el tres, lo primero que digo es: «¿Qué afinación usan? No es la original del tres, está alterada».
[…] El Niño me dijo en esa ocasión, refiriéndose a los de su generación: "Treseros: Isaac y Papi Oviedo". Y antes que él, los que le antecedieron: Eliseo Silveira y Nené Manfugás. Él los consideraba treseros.

Otra de las cosas que me dijo: «Cuando alguien te diga que conoce la historia del tres, llámale mentiroso. Porque todavía esa historia no está totalmente clara. Todo lo que hay son hipótesis, pero este es el instrumento nacional de Cuba y siéntete orgulloso y no dejes que ningún cubano te amedrente, porque tú eres puertorriqueño, no lo hagas. Cuba y Puerto Rico son…», y ahí callaba, para que yo adivinara el resto: "de un pájaro, las dos alas".[171]

Y continúa Nelson González hablando de la especial relación que entablaron él y el Niño Rivera; un vínculo como el del discípulo con su maestro:

Ya me iba esa noche de Cuba y quería pasar más tiempo con el Niño durante el día. Me quedé hasta tardecita porque no me quería despedir de él. Si me dejan, no me hubiera ido nunca de Cuba, pero me tenía que ir. Y simplemente le dije: «maestro, muchas gracias por estos diez días de felicidad que me has dado. Nos vemos. Soy muy sentimental. ¡Hasta la próxima!». Y cogí y me fui. Me llevaron en un carro para el muelle donde estaba el barco. Yo quería ver el atardecer y la llegada de la noche en Cuba y con algunos músicos nos quedamos afuera, en el muelle frente al barco, mirando cómo caía el sol y llegaba la noche. De pronto, veo una silueta que viene caminando. Y le digo a alguien: "¡La primera vez que veo a alguien cargando una bolsa de basura en el hombro!". Y cuando la silueta se va acercando, veo que era el Niño que había venido a despedirme, y lo que yo creía que era una bolsa de basura, era una bolsa… con su tres. ¡Era el tres

171. Nelson González. Entrevista por la autora (skype), 25 de febrero 2019

del Niño! Entonces me llama: '¡Nelsito!'. Y yo le pregunto asombrado: «Pero, ¿cómo llegaste hasta aquí?». "En otra ocasión te explico", me responde. Sacó el tres de la bolsa y me dijo: 'Mira, no está en tan buenas condiciones, pero yo quiero que tú lo tengas'. Cuando yo vi el tres, le dije: «Un momento: no, no, vamos a organizarnos, como dicen aquí en Cuba. ¿Por qué me traes esto?». Y me dijo: "Este tres me lo regaló Bol [Salvador Vivar] hace muchos años; es uno de los tres más viejos que he tenido y no he salido de él, porque me lo regaló Bol". Y le pregunté quién era Bol. Y me dijo: 'Algún día vas a saber quién es Bol. Y aunque está conmigo desde hace tantos años, yo quiero que tú lo tengas'. Le dije que no podía aceptarlo, porque era su instrumento. «No lo uso por miedo a que se me rompa o se me extravíe, lo guardo con mucho cariño, pero te lo traje a ti para que tú lo tengas», me insistió el Niño. Le dije que me ponía en una posición difícil, después que había venido hasta aquí, decirle que no… estaba yo muy indeciso y me insistió y me dijo que era para mí y que lo perdonara por no tener un estuche.

Y remató el Niño su despedida: "Con este tres puse la música cubana de tres aquí", y levantó la mano; 'y te voy a dar este tres para que tú la pongas acá', y levantó la mano más arriba. Desde entonces he tratado de cumplir. He sido muy bendecido desde entonces. He hecho un método de tres, dedicado especialmente al Niño.

Y conservo el tres que él me regaló. El Niño me dio una foto con el tres y esa foto la tengo puesta al lado del tres. Imagino que ese instrumento debe tener más de ochenta años. Antes los treseros le ponían un pedazo de metal para que sujetara las cuerdas que se desintegraban de viejo, de moho. Lo que hice, para no cambiarle el color al tres, ni mandarlo a pintar ni nada, fue que le quité esa chapa y le puse un puente. Está intacto. Inclusive nunca le he cambiado el clavijero. Y el que tiene no es un clavijero para cuerdas de acero. Es de esos de guitarras acústicas, es un tres pequeñito. Con ese instrumento, el Niño Rivera grabó las *Cuban Jam Sessions* y el disco con Mongo Santamaría en los sesenta, según me dijo el mismo Niño. Es un tres pequeñito.

El Niño Rivera ha seguido presente en la vida de Nelson González:

[...] como joven al fin, quise innovar y me atreví a hacer la fusión del tres con la sonoridad de la guitarra rockera. Y un día me llama el Niño y me dice: «maestro, te felicito, porque nadie se ha atrevido a hacer lo que tú hiciste, eso es historia, por eso te di mi tres. Has hecho historia. ¡Tú no lo entendías, pero has hecho historia!». También en el tema «Hasta ayer» en el concierto de Marc Anthony en el Madison Square Garden, usé el tres electrificado.[172] Eso para mí, hasta el día de hoy, es lo más grande que me ha ocurrido. Me acuerdo palabra por palabra de lo que el Niño me dijo. Así fue de maravilloso pasar esas experiencias con él. Uno está creciendo emocional y musicalmente, pero no se da cuenta uno mismo. Sin embargo, él en una carta una vez me dijo: "Acuérdate que tú eres el único tresero que se ha sentado en mi silla con las descargas de Cachao". Cachao nunca usó otro tresero después del Niño, que no haya sido yo. Y yo no lo sabía, Niño me lo dijo en una carta y después me di cuenta de eso.[173]

---

172. Concierto de Marc Anthony en el Madison Square Garden en 2000.
173. Nelson González. Entrevista por la autora (Whatsapp), 19 de noviembre 2018.

Las Estrellas de Areíto: El espejismo del momento oportuno

Tras el impacto provocado por las presentaciones de la Fania All Stars en La Habana en 1979, se produjo una especie de conmoción en ciertos músicos y amantes de la música cubana. El productor Raoul Diomandé, residente en París —aunque su país natal es Costa de Marfil—, seguidor de la música cubana y con inquietudes sobre el movimiento salsero capitalizado por Fania Records, se topó con estas noticias y tuvo la genial idea de realizar algo parecido a la Fania All Stars, pero con músicos cubanos; o sea, grabar lo que consideraba era la verdadera música cubana, con un propósito cultural, sin apelar a denominaciones comerciales y tratando de plasmar en ese proyecto, esencialmente fonográfico, los valores que su propia selección de músicos y obras pretendía exaltar. El proyecto de Diomandé fue acogido por la Egrem bajo el sello Areíto, y de ahí su nombre: Las Estrellas de Areíto.[174]

Diomandé encargó al prominente trombonista y destacado productor Juan Pablo Torres que diera cuerpo al proyecto y lo dirigiera musicalmente, para lo cual Torres seleccionó a cerca de treinta estelares músicos, verdaderas luminarias cada uno en su instrumento, provenientes de la Orquesta Cubana de Música Moderna, de Irakere, de las orquestas Enrique Jorrín, Sublime, de Radio y Televisión Cubana, Estrellas Cubanas, Barbarito Diez, Aragón y Septeto Habanero, así como del grupo Algo Nuevo. Ellos fueron: el Niño Rivera en el tres; Jorge Varona, Manuel *Guajiro* Mirabal, Arturo Sandoval, Félix Chappottín y Adalberto *Trompetica* Lara en las trompetas; Juan Pablo Torres y Jesús *Aguaje* Ramos en los trombones; Rubén González y Jesús Rubalcaba al piano; Rafael Lay Apesteguía, Miguel Barbón, Pedro Hernández, Elio Valdés, Angel Barbazán, Pedro Depestre, Félix Reina y Enrique Jorrín en los violines; Fabián García Caturla en el bajo; Richard Egües y Melquiades Fundora en las flautas; Paquito D'Rivera en el saxo; Israel Pérez en el cuatro; Guillermo García y Tata Güines en las congas; Ricardo Icon en el bongó; Gustavo Tamayo en el güiro;

---

174. <http://rutasenelaire.blogspot.com/2013/07/estrellas-de-areito-vs-estrellas-de.html>.

Amadito Valdés en las pailas; los cantantes eran Miguelito Cuní, Tito Gómez, Pío Leiva, Teresa García-Caturla y Magaly Tars; y en los coros estaban los Hermanos Bermúdez, Manolo Furé, Pepe Olmos y Felo Bacallao —los recordados cantantes de la Orquesta Aragón—, Modesto Fusté y Filiberto Sánchez.

Pero solo el Niño Rivera podía en ese momento garantizar el sonido sonero y vanguardista del tres que demandaba el productor Juan Pablo Torres, y que en definitiva era el sonido estelar del tres cubano. Cuenta Fabián García Caturla:

> Juan Pablo escribía solo las introducciones de los temas y, a veces, el final, porque cuando no, el final se iba en *fade*. En el medio dejaba a los metales que hicieran los mambos, porque era gente muy profesional y creativa la que estaba en ese proyecto. Las condiciones fueron excepcionales, porque se pagó a diez pesos la hora, que era una cosa anormal para la época, era casi una fortuna porque a veces salíamos con diez horas de trabajo o más. Ahí el Niño tuvo un protagonismo tremendo. Su participación fue solo como instrumentista, como tresero, porque los arreglos los hizo el propio Juan Pablo Torres, pero el Niño estuvo en todos los formatos que se crearon para la grabación de los diferentes temas.[175]

Sobre el propósito de Las Estrellas de Areíto, contó también Fabián García Caturla:

> Fue un proyecto pensado solo para que fuera discográfico, no para convertirlo en un espectáculo, pero cuando los discos llegaron a Venezuela, hubo dos temas que se pegaron: «Guaguancó de todos los barrios», cantado por Miguelito Cuní, y «Para mi Cuba», en la voz de Teresita García Caturla. Estaban los dos en los primeros lugares del *hit parade*. Entonces nos invitaron a viajar a Venezuela, donde hicimos tres conciertos: en el Poliedro de Caracas, en el Anfiteatro de Barquisimeto y también en un programa de televisión, en el canal Venevisión. En Venezuela sucedió un acontecimiento importante:

---

175. Fabián García Caturla. Entrevista por la autora. La Habana, 10 de septiembre 2018.

un amigo nuestro que tocaba con Oscar de León nos invita a Amadito y mí para que fuésemos a su casa y conociéramos a Oscar. Pero cuando Oscar se enteró que habíamos ido con Las Estrellas de Areíto le dijo que no, que él quería recibir al piquete completo, porque con Las Estrellas de Areíto venía lo que él admiraba de Cuba. Entonces fuimos todos a su casa, a una cena que preparó y resulta que allí estaba nada más y nada menos que Celia Cruz, que se encontró con todos nosotros, pero quien se quedó fuera de eso fue el Niño, porque él ese día iba a entregar unas cartas que traía de Cuba, de una familia amiga para sus hijos que vivían en Caracas, y no llegó a tiempo. Todo el mundo preguntaba por él y allí me enteré que el Niño fue uno de los primeros arreglistas que tuvo Celia. Y ella no hacía más que decir: «¡¡¡Pero el Niño no vino, pero qué lástima!!!». Y como todo eso fue improvisado y nadie sabía que iba a estar Celia, cuando el Niño se enteró lo lamentó cantidad.

Nunca más se encontrarían.

Fabián García Caturla recuerda anécdotas acerca de la utilidad del Niño Rivera en el formato de Las Estrellas de Areíto:

Un día estábamos ensayando en el Capri. [Enrique] Jorrín era un músico tremendo, pero no tenía la experiencia suficiente para dirigir una orquesta de esa magnitud, con metales, violines, etc. Había un número donde el Niño no tocaba, él estaba fuera escuchando. Y estábamos trabados en unas notas, que no salían, Jorrín se empeñaba, Varona... pero nada. Entonces, ese hombre [Niño Rivera] se paró... ¡no se me olvida! Y le dice, con tremenda modestia y suavidad: «Enriquito, prueba con mi bemol a ver, que haga Varona eso». Y cuando sonó el acorde, Jorrín dice: "¡¡Efectivamente, eso es!!". Todo el mundo se quedó maravillado, ¡porque eso era lo que hacía falta![176]

---

176. Fabián García Caturla. Entrevista por la autora. La Habana, 10 de septiembre 2018.

Los cinco discos se grabaron durante 1979, pero no hubo ni *marketing*, ni distribución internacional organizada: sin ser Cuba parte del mercado latino de la música, excluidos de los circuitos discográficos y de conciertos, y sin mucha iniciativa por parte de los empresarios y agentes cubanos, los cinco discos de Las Estrellas de Areíto pasaron sin penas ni glorias.

Sin embargo, muchas voces atendibles consideran la serie de discos Las Estrellas de Areíto como grabaciones extraordinarias, vanguardistas para su época, sin apartarse de la tradición profunda de la música popular cubana; los consideran superiores, incluso, a muchos intentos posteriores de carácter similar. Los arreglos de Juan Pablo Torres hacen pensar que fue un adelantado a su tiempo y el desempeño de los músicos participantes demostró, una vez más, el calibre y la calidad de su ejecutoria. Pero Las Estrellas de Areíto no surgieron en el momento adecuado ni en el lugar oportuno. Quedó solo como esa serie de grabaciones icónicas a las que incluso hoy vuelven asombrados hasta algunos productores musicales de renombre internacional, aquilatando en su justa medida el gran trabajo de Juan Pablo Torres y sus músicos.

Estrellas de Areíto: Niño Rivera, Amadito Valdes, Rubén González, Tata Guines, Ricardo El Niño León, Fabián García Vaturla (detrás)

El LP Niño Rivera

En 1981, el Niño Rivera graba su último disco. Después de una discografía personal que atesora varios momentos de altísimo virtuosismo y creatividad, el LP *Niño Rivera* se recibe como el crisol de toda la sabiduría y experiencia acumulada por Andrés Echevarría Callava a través de su larga y activa vida musical. En este disco dirige, arregla, produce e interviene con su inspirado tres. El diseño de la cubierta acierta al identificar a cada uno de los instrumentistas llamados por el Niño como verdaderas y legendarias estrellas: Manuel *Guajiro* Mirabal y Jorge Luis Varona, junto con Andrés Castro y Armando Galán, en las trompetas; Gustavo Tamayo en el güiro; Rubén González y Rolando Baró en el piano; Ahmed Barroso en la guitarra eléctrica; Fabián García Caturla en el bajo; Emilio del Monte en las congas y el bongó; José Ferrer en la percusión, junto con Guillermo García, en la tumbadora; y el Niño León en el bongó. Y la voz que se añora en todas las grabaciones anteriores del conjunto del Niño Rivera: la del gran Miguelito Cuní.

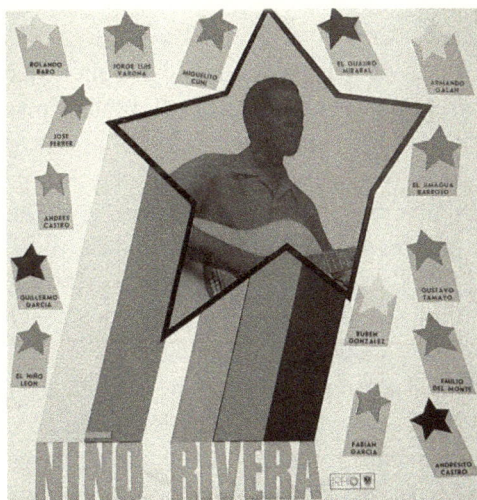

En este disco el Niño retoma algunos temas de su autoría grabados en fonogramas anteriores, como el infaltable «El Jamaiquino», o «Azúcar con ají», «Juan José», «Amor en festival» y «Átomo» (escrito en coautoría con Luis Yañez); y además incorpora un número muy representativo de piezas de sus viejos compañeros del filin Jorge Mazón; Luis Yáñez; Rolando Gómez; Rosendo Ruiz Quevedo: «Nuevo son», «Kumahon» y «Hasta mañana, vida mía». Más dos obras de Luis Lilí Martínez Griñán, el bolero «Esto sí se llama querer», y Osvaldo Argudín, el son montuno «Mira qué son».

La casa productora Egrem encarga las notas al prominente compositor, cantante y trovador Pablo Milanés, quien por esos años ochenta seguía inmerso en el conocimiento y rescate del legado de la trova y el son, e iniciaba, con legendarios nombres como Luis Peña el Albino y Octavio Sánchez, Cotán, su mítica serie de discos *Años*, el primer y originario momento de reivindicación de los viejos trovadores y soneros cubanos que continuaría Santiago Auserón con *Semilla del son* y Juan de Marcos González y Ry Cooder con el mundialmente famoso Buena Vista Social Club, para el cual al Niño Rivera no le alcanzó la vida.

La complejidad armónica, el vanguardismo en la concepción de los arreglos y la brillantez instrumental de este disco permiten considerarlo como uno de los más altos momentos del legado fonográfico del Niño Rivera en todas sus funciones: como tresero, arreglista y director. La vigencia de los aportes del Niño Rivera en este disco lo ha convertido en un referente para las generaciones que le siguieron. Muchos músicos jóvenes no treseros han encontrado en él un elemento de inspiración y aprendizaje. Oliver Valdés es baterista (hijo del gran guitarrista Jorge Luis Valdés Chicoy) y también un inveterado indagador en la obra de los músicos que le antecedieron. Confiesa que su vida musical tuvo un punto de cambio cuando descubrió la música del Niño Rivera a través de este vinilo:

[...] me acuerdo que me empecé a reír y a hacerle preguntas a mi padre sobre esto porque era para mí algo nunca antes escuchado; era son cubano, era *jazz* cubano, era filin, bolero, pero todo para mí sonaba nuevo, esa sensación de haber descubierto una música nueva y cubana; claro, nuevo para mí con 28 años de edad. Era el son cubano con unas armonías mucho más abiertas, arreglos con las mismas trompetas del conjunto, pero sonando a *big band*, elementos tímbricos dentro del son como el vibráfono, guitarras de *jazz*, aquellas organetas de entonces, el bajo eléctrico, todo esto con la base rítmica del son y sus improvisaciones típicas, unos arreglos de conjunto muchos más que ver con lo que yo traía del *jazz* cubano y americano. ¡Fue como que estaba para mí aquel disco! Introducciones de canciones donde está el tres, un vibráfono y una guitarra de *jazz* (eso es la tímbrica del *jazz*), armonías que venían del filin pero que me sonaron dentro del son totalmente novedosas, que hoy en día nadie o muy pocos componen canciones ni sones de esa manera, unas codas totalmente libres, *scat* dentro del son (hechos por el Raspa):[177] toda una fusión de la música cubana, del son cubano mucho antes de la timba. Me refiero, sobre todo, a la canción «Nuevo son». Tresero al fin, el Niño tiene una ritmática impresionante y eso se nota en sus arreglos, no solo armónicamente, sino también rítmicamente; están muy elaboradas las introducciones, son rítmicamente magistrales, la manera de fusionar el tres con el piano de Rolando Baró sin que choquen; las cosas rítmicas que hace ese pianista encima de los tumbaos del Niño son de estudio serio. Esta música del Niño Rivera se debe estudiar en academias del mundo

133

---

177. Eugenio Rodríguez Rodríguez el Raspa. Cantante, sonero y actual voz líder y director musical del Septeto Nacional Ignacio Piñeiro (N. del A.).

entero: su manera de componer, arreglar, tocar el tres.

Luego de esto le comento a mis compañeros, el trombonista Juan Carlos Marín y el trompetista Julito Padrón, mis amigos del barrio de Santa Amalia; por esa época estudiaba mucho con ellos todo el tema de componer y siempre les pedía consejos. Y resulta que ellos ya conocían este disco y toda la vida del Niño y con razón ellos hacen el *jazz* cubano que hacen y hacen las canciones con ese corte; se nota que son unos estudiosos del Niño y de esa rama de la música cubana.

A nuestra generación le toca hacer su propia música y aportar algo nuevo, ya sea desde el instrumento o desde la composición, y la base para eso es conocer muy bien la raíz: lo que ya se hizo y se hizo bien, debe ser estudiado en profundidad, para luego fusionarlo con lo que nos toca como generación, y sacar nuestra propia voz. Sin duda el legado del Niño Rivera nos brinda eso y mucho más: es un contemporáneo, un vanguardista, un adelantado a su época; alguien que adelantó la música, nos condujo a lo moderno. Seguro estoy que todos los grandes que le siguieron han bebido de su legado.[178]

---

178. Oliver Valdés Rey. Entrevista por la autora. La Habana, 20 de abril 2019.

El método de tres. Concierto para tres y orquesta

La obra del Niño Rivera continuó siendo referente para los músicos cubanos, puertorriqueños y de América Latina. Temas suyos han seguido apareciendo cada cierto tiempo en discos y repertorios de orquestas de salsa y música tradicional cubana en Estados Unidos, Puerto Rico, Venezuela y otros países: por solo citar algunos, Pete el Conde Rodríguez y la orquesta Willard de Willie Pastrana le grabaron «Fiesta en el cielo»; Edwin Feliciano, «Azúcar con ají»; y son múltiples los registros y versiones de »El Jamaiquino», su obra más difundida e importante, como ya he dicho.

En esos últimos años el Niño recibe solicitudes de arreglos y orquestaciones. El productor boricua René López recuerda la participación del Niño Rivera en los arreglos para el conjunto Son de la Loma, que dirigía en Nueva York el músico cubano Armando Sánchez, y que quedaron fijados en un disco LP (véase anexo II). Durante todo este tiempo, el Niño mantiene su conjunto con altibajos y escasa demanda, ante la lógica irrupción de nuevas formaciones y ritmos en la escena musical cubana.

El cantante Emilio Moré rememora aquellos años y su vínculo con el Niño Rivera:

> Comencé a cantar en el Conjunto de Niño Rivera en abril de 1974 y permanecí en él durante quince años. El conjunto tenía entonces dos saxos, dos trompetas, tumbadora (Severino Lage, Palito), bongó, piano (Zenaida), bajo (Teodoro Harvey), tres (Niño Rivera) y tres cantantes, que fueron, en diferentes momentos, Fermín Corona, Kike, Gregorio Martínez Pedroso, Agustín Toyo, Roberto Carrillo (administrador), Jorge de la Peña y Feliciano Pérez Pérez (saxofonista). En este tiempo, el repertorio incluía sones, boleros, afros, guarachas, etc. Tuvimos mucho trabajo, pues nos presentábamos regularmente en bailes populares, programas de la Televisión Cubana

como el *Show del Mediodía, San Nicolás del Peladero*, y otros; también *Alegrías de Sobremesa*, en Radio Progreso y muchos otros. Fue este el último grupo de Niño Rivera. La artrosis le atenazó las manos y le impidió continuar tocando.

Era yo un muchacho y veía al Niño con su conjunto cuando tocaban en las tres marquesinas de Prado. Después de pasar brevemente por el Conjunto Chappottín y sus Estrellas y empezar en el de Niño Rivera, muchas personas me decían que aprovechara su gran capacidad y comenzara a estudiar con él. Desde mi empirismo, subestimé estos consejos. Hasta que comencé a apreciar sus orquestaciones y le preguntaba, me dijo que tenía que estudiar para saber. Ahí fue cuando empecé a estudiar con él. Ahí le tomé un afecto tremendo. Me llevaba a actividades, me hacía acompañarle, pues le gustaban mucho las descargas, compartir, beber y comer mucho. Me decía: «Emiliano, vamos conmigo, ¡que hoy le van a quitar la ropa a un animal!». Casi siempre se trataba de un puerco asado. Fuimos muchas veces a Pinar del Río a visitar al trovador Aldo del Río, que era familia suya. Para mí el Niño es uno de los músicos más grandes que ha dado este país. Con una forma muy suya de tocar, de arreglar, que es inconfundible. El tres de Niño Rivera no se parece a nadie. Fue un hombre excepcional, muy buena persona, muy noble, muy modesto, muy sencillo, ¡demasiado, pienso yo! Posiblemente por ser tan noble, no llegó más arriba. Fue muy noble, ¡muy noble![179]

136

Con un único antecedente en el pequeño método escrito en 1927 por Félix Guerrero Reina,[180] padre del afamado director orquestal, arreglista y compositor Félix Guerrero, corresponde al Niño Rivera el segundo acercamiento didáctico al aprendizaje del tres. En el prefacio de su método, Guerrero Reina afirmaría: «Y no exis-

---

179. Emilio Moré. Entrevista por la autora. Estudios Areíto/Egrem, La Habana, 21 de septiembre de 2018.
180. Félix Guerrero Reina (La Habana, 1881-1950) fue guitarrista y pedagogo de instrumentos de cuerda, así como alumno de Gaspar Agüero en teoría de la música. Fundador de la estudiantina Jané. Su nombre se sitúa entre los creadores de la llamada Escuela Cubana de Guitarra.

tiendo nada escrito hasta el presente que pudiera tomarse como norma para su enseñanza, he ideado este sencillo sistema, después de un largo estudio y de acuerdo con el uso que tiene este instrumento en la música típica».[181]

Efraín Amador caracterizaría con acierto la obra de Guerrero Reina:

> [...] aunque muy breve, es de un valor inapreciable en la historia del tres, pues fue el primer intento que se realizó por escribir su música. Sin embargo, la brevedad de este trabajo, valioso, pero primario –apenas consta de siete páginas–, evidenció que las ricas posibilidades del tres no podían desarrollarse con estos sencillos elementos, donde faltaban ejercicios, estudios, obras y explotación de recursos técnicos y tímbricos que conformarían una verdadera técnica tresística. Aunque reconocemos sus aportes, los valores fundamentales [del método de Guerrero] son históricos, más que prácticos, a la vez que demuestra la popularidad del instrumento en su época.[182]

Pero este autor remarca un valor apreciable, que está relacionado con la afinación del instrumento, lo cual Guerrero fijó de un modo que a Amador le resulta más lógico: «sol (tercera), do (segunda) y mi (prima), es decir, do mayor al aire, tonalidad que lo aproxima a la guitarra».[183] El método de Guerrero indica, entre otros aspectos técnicos, la encordadura que debe llevar el tres y responde de hecho a la práctica de larga data en la música popular: "Para las primeras cuerdas, una prima y una cuarta. Para las terceras cuerdas, también una prima y una cuarta [Efraín Amador apunta que en la actualidad se usa una tercera entorchada] colocando las entorchadas, o sea, las cuartas, hacia la parte interior del mástil. Para las segundas cuerdas, dos segundas sin entorchar".[184]

El método de tres escrito por el Niño Rivera constituye un estadío superior; en él reflejó su profundo conocimiento del instrumento y de la música popular cubana, sedimentados a lo largo de

181. Félix Guerrero Reina: *Método original fácil y práctico para aprender a tocar el tres*, Casa de la Música, La Habana, 1927; citado por Efraín Amador: *Universalidad del laúd y el tres cubano*. Ob. cit., p. 98.
182. Efraín Amador. *Universalidad del laúd y el tres cubano*. Ob. cit., p. 14.
183. Ibídem, p. 98.
184. Félix Guerrero Reina. Ob. cit., citado por Efraín Amador: *Universalidad del laúd y el tres cubano*. Ob. cit., p. 99.

su vida de superación, búsquedas y experiencia práctica. Además de su originalidad, tendría un valor cardinal, al decir del propio Amador: el Niño Rivera, a diferencia de Guerrero, 'sí utilizó en él la escritura musical y se propuso interesantes planteamientos dentro de la música popular'.[185]

En mayo de 1989, en un texto en ocasión del setenta cumpleaños del gran tresero, la musicóloga Nefertiti Tellería afirmaba:

> En proceso editorial se encuentra un método del tres elaborado por Rivera, donde incluye historia del tres, encordadura, afinación, extensión, escalas mayores, menores y cromáticas, lecciones en todas las tonalidades, piezas para dos tres, distintos estilos del son; el danzón «Tres lindas cubanas» en su estilo original y además sobre este tema, variaciones.[186]

En un trabajo monográfico suscrito por el compositor Jorge Berroa,[187] este señala que el Niño Rivera había escrito este método entre los años 1984 y 1986, pero el tresero puertorriqueño Nelson González afirma haber visto e incluso fotografiado algunas páginas de algo que pudo ser el método del Niño. Y sus visitas a Cuba ocurrieron en 1979 y 1981. Sin embargo, el método de tres escrito por el Niño Rivera nunca fue publicado y durmió un sueño indolente en la Editora Musical de Cuba, entonces adscrita a la Egrem, sin que se cumpliera la promesa hecha a su autor de publicarlo.

El profesor, guitarrista y tresero Efraín Amador refiere que, en adición a sus investigaciones de campo realizadas en las provincias orientales, Sancti Spíritus y otras zonas junto a su esposa, la también músico Doris Oropesa, tomó como referencia, entre otros, el método del Niño Rivera para conformar la plataforma didáctica con la que se inició y continúa hoy la enseñanza del instrumento en las escuelas de arte en Cuba:

---

185. Efraín Amador. *Universalidad del laúd y el tres cubano*. Ob. cit., p. 98.
186. Nefertiti Tellería. Ob. cit., p. 8.
187. Jorge Berroa. *Cronología de Andrés Hechevarría* [sic] (Niño Rivera), monográfico, Dirección de Promoción, Instituto Cubano de la Música, 24 de abril de 1989. Consultado en fondos del Museo Nacional de la Música de Cuba.

Conservo el método de tres escrito por Niño Rivera, quien me dejó, junto con otras obras, el manuscrito original. [...] Logré salvar cosas, porque me iba a su casa y me sentaba con él. Y le decía: «Mira, Niño, tú escribiste esto», para cotejarlo con él. Pero en el momento en que empiezo a trabajar en este rescate, ya el Niño prácticamente no podía tocar, pero con ese oído salvaje y esa memoria que él tenía, se acordaba perfectamente de lo que había escrito, y lo que no había escrito lo tenía en la cabeza. Tras analizar el método del Niño Rivera como herramienta docente y didáctica, desde la pedagogía, me percaté de que la afinación ya en nuestro tiempo es diferente a como la hacían los treseros más viejos: se va de la grave a la aguda (sol-do-mi), la grave tenía una octava, y también sonaba la octava de ese sol. Sin embargo, la afinación del Niño, y de todos los treseros de su tiempo, era la-re-fa sostenido. Y era también sol-do-mi, pero le ponía un bajo y sonaba al mismo tiempo el mi agudo y el mi grave. En cuanto a los tumbaos, Niño y también Isaac Oviedo le ponían un bajo a los tumbaos empezándolos en sonido grave, pero lo escribían en la prima aguda, es decir, al revés, pero nosotros le quitábamos el bajo de ahí para que fuera como la guitarra (sol-la-si-do-re-mi); concebimos el tres como las tres cuerdas de la guitarra y de cualquier instrumento que empieza de grave y continúa a agudo. Pero la concepción de todos los treseros en la primera mitad del siglo XX era que la prima era la más grave; la otra que hacía era la tercera y la más aguda era la del medio. El concepto del tres era totalmente al revés; entonces, Niño Rivera escribió su método atendiendo a ese concepto, es decir, al revés, una forma o técnica ya trascendida en la contemporaneidad. De ahí que el valor esencial del método del Niño, desde el punto de vista didáctico, es que haya quedado plasmado y escrito esa experiencia, incluyendo el sistema armónico del *feeling* —que aparece en su manuscrito—, el sistema de los acordes de cuatro notas. Pero como él no era un pedagogo, no tenía el sentido metodológico necesario para ir paso a paso introduciendo al alumno en el instrumento; en mi opinión, el concepto del instrumento al revés resulta imposible para la enseñanza. Félix Guerrero, en aquella época tan temprana, se da cuenta de que un instrumento no puede estar transportado ya a *priori* con un fa sostenido, por ejemplo, e indica la afinación en do mayor, y no en fa sostenido, como el Niño y la mayoría de los treseros de su tiempo. Tanto el método de Félix Guerrero con el de Niño Rivera son precursores en esto. El del Niño rebasa el carácter resumido del método de Félix Guerrero Reina, pues tiene mayor extensión, incluye estudios, ejercicios y también obras de muy alto valor. Junto al método, y a otras obras que el Niño me dio, pude tener acceso también al manuscrito del Concierto para tres y orquesta sinfónica, compuesto por él. La mayoría era difícil de descifrar, muchas ilegibles, que debimos reconstruir, dado su deterioro, pero la que más me gustó fue «El vals de mis sueños», donde introduce los acordes de cuatro notas. Para rescatar todas esas obras me tuve que sentar muchas veces con él en su casa y yo con el tres en la mano y él diciéndome: pon el dedo aquí, o pon el dedo acá, y él indicando el ritmo, cantándolo, hasta que él me decía: "¡Así mismo es!".[188]

Efraín Amador considera que la utilización de acordes de cuatro notas en solo tres cuerdas en la obra «El vals de mis sueños» es uno de los grandes aportes armónicos del Niño Rivera.

En 1986 el Niño Rivera cumplió la sugerencia que muchos años atrás le hiciera su gran amigo, el guitarrista y compositor Ñico Rojas. Cerca de 2003, Rojas comentaría a la documentalista Belkis Olivares:

Le dije [al Niño Rivera] que hiciera un concierto para tres y orquesta sinfónica. Y así lo hizo, el Niño me complació, hizo el concierto. Sería el primero en el mundo. Y es muy triste que una cosa tan grande no sea la primera, porque en cualquier momento alguien hace uno, y difícil que tenga la calidad de él. Eso es un aporte del Niño a la cultura mundial.[189]

---

188. Efraín Amador.*Universalidad del laúd y el tres cubano.* Ob. cit., p. 105.
189. *Gloria de la música cubana. El Niño Rivera.* Dir. Belkis Olivares Martínez. Cubavisión Internacional, La Habana, 2003.

Hasta ese momento, esta obra del Niño Rivera no tenía precedentes en Cuba, el Caribe y América Latina. Cuando el periodista Osvaldo Navarro lo entrevistó a finales de 1991 para la revista *Bohemia*, el Niño Rivera le confirmó que había escrito un método para la interpretación del tres que estaba sin editar y también se refirió al hecho de haber compuesto el Concierto para tres y orquesta, basado en la obra «El Jamaiquino», y que en ese momento aún no había sido estrenado.[190]

Efraín Amador pudo conocer esta obra sobra la cual opina que no es exactamente un concierto sinfónico, sino una suerte de rapsodia concertante. Según Amador:

> Niño Rivera no pudo terminar de escribir el concierto. Incluso había comentado que quería estrenarlo con Irakere. En los temas que él tenía pensado para Irakere, le escribía: saxofón alto, y le escribía el giro que él quería. Y dejó diseñada la orquestación y una especie de maqueta grabada en un cassette por el Niño —tocando el tres— y con un pianista. ¡Eso fue increíble! El Niño, además, *canta* el saxofón, él lo que hizo fue una especie de rapsodia que duraba aproximadamente veinte minutos.[191]

Efraín y su hija, la compositora y músico Ariadna Amador, trabajaron durante dos meses sobre la partitura y la grabación que había dejado inédita el Niño Rivera y, a partir de ella, escribieron una obra en tres movimientos —rápido-lento-rápido—, que titularon «Elegía concertante para tres y orquesta sobre temas de Niño Rivera». Sería estrenada por la Orquesta Sinfónica Nacional de Cuba bajo la dirección del maestro Roberto Valera, con Armando Pazos, entonces alumno de Efraín Amador, como tresero-solista, en ocasión del evento Plectro Habana realizado en 2007 bajo el auspicio de la Unesco y el Ministerio de Cultura cubano. Ha quedado una grabación realizada *in situ* el día del estreno y ha continuado escuchándose en reiteradas ocasiones por treseros y formatos sinfónicos cubanos.[192]

190. Osvaldo Navarro. Ob. cit.; p. 17.
191. Efraín Amador. Entrevista por la autora, La Habana, 9 de febrero de 2019.
192. Ibídem.

Existe una anécdota que homenajea al Niño Rivera y que contaría Efraín Amador. En la primera edición de su metodología del tres, Amador incluyó el estudio fantasía al Niño Rivera y se lo tocó por primera vez en su casa:

> Después el día de su cumpleaños en 1989 o 1990, no recuerdo exactamente, lo visité acompañado de mis alumnos del taller de tres y laúd que yo impartía en el Conservatorio Amadeo Roldán. Les había montado una versión simple de «El Jamaiquino» con la línea que el Niño había escrito para el tres, le hice un arreglo para laúd de manera que lo pudieran tocar con los dos instrumentos y también les escribí una improvisación que el Niño creyó como algo propio y genuino salido de esos muchachitos. ¡No lo saqué de su asombro! ¡No pude![193]

---

193. Ibídem.

El final

En los noventa, el tresero pinareño mantenía su espíritu grega-rio y su gusto por las peñas y descargas. Cuentan que de vez en vez se le podía ver en *La Peña de Yoya*, en Malecón y Prado, con su amigo el cantante Eugenio Rodríguez Rodríguez, Raspa. Cada miércoles, Yoya abría las puertas de su casa frente al Malecón ha-banero, para que todo el que quisiera entrara para descargar, can-tar, bailar entre guitarras, ron peleón o del que hubiera.

La vida del Niño transcurría siempre entre música y de este modo. Su hija Gloria afirma que las últimas composiciones de su padre datan de ese tiempo, ya septuagenario: sus títulos «Dulce amanecer» y «Dice la gente», este último escrito en casa de Gloria, en la calle Apodaca, en la Habana Vieja, donde solía visitarla y pa-sar tiempo. La obra ha permanecido inédita hasta febrero de 2019, cuando ella —cantante y profesora de música— la grabó con la orquesta Manolito Simonet y su Trabuco, para celebrar la vida de su padre, cuyo centenario se cumple este año.[194]

Todo fue así hasta que el principio del final llegó a su cuerpo, cuando una devastadora artritis se apoderó de sus articulaciones. Juan de Marcos González recuerda aquellos días:

> A finales de los ochenta o principios de los noventa —no recuerdo bien— fui a verlo a su casa para que me enseñara sus trucos. Pero ya no podía tocar. La artritis le tenía las manos casi paralizadas (¿envejecimiento natural o el pago de su vida bohemia y jodedora?). No pudo ser mi maestro, pero le debo mucho y en 1999 le grabé un tributo mezclando dos temas suyos que compuso para el disco de Mongo Santamaría y Willie Bobo («Hey Guapachá» y «Jamaicuba»).[195]

El cantante Emilio Moré, fiel amigo y discípulo, cuenta tam-bién sus recuerdos de esos días finales:

---

194. Gloria Echevarría Portal entrevistó a su padre el 25 de mayo de 1995 sobre estas dos obras, que resultaron ser las últimas en la larga carrera del Niño Rivera.
195. Juan de Marcos González. Entrevista por la autora, 29 de agosto de 2018 (correo electrónico).

Cuando enfermó iba todas las semanas a verlo a su casa en la calle Josefina, en La Víbora. Lo visité el día antes de su muerte. Y lo acompañé en la funeraria de Calzada y K, en El Vedado, donde fue velado. El músico Elio Revé despidió el duelo en la Necrópolis de Colón. Hasta allí, donde descansan sus restos, acompañé al Niño.[196]

Eugenio Rodríguez Rodríguez, Raspa, Niño Rivera y Yoya

Andrés Echevarría Callava, el Niño Rivera, moriría en La Habana, el sábado 27 de enero de 1996. Un entierro modesto, con escasez de medios, recursos y presencia que no igualó la magnitud del tributo que el Niño Rivera merecía. Emilio Moré y el tresero Guillermo Pompa, en dúo de voz y tres, y en gesto agradecido y emotivo, harían sonar «El Jamaiquino» en el momento en que los restos de su creador eran colocados en su tumba.

La muerte del Niño Rivera fue reflejada en los espacios que la prensa cubana radial, escrita y televisiva dedicaba a la cultura. Sin edición dominical, el diario *Granma*, el de mayor circulación en Cuba, reflejó la noticia el lunes 30 de enero en una escueta nota. La revista *Bohemia* publicó, en homenaje póstumo, el artículo «El Niño Rivera puso filin a tres», del periodista e investigador Félix

---

196. Emilio Moré. Entrevista por la autora. Estudios Areíto/Egrem, La Habana, 21 de septiembre de 2018.

Contreras, donde se resumía una entrevista inédita realizada al gran tresero.

Junto a su incuestionable talento y sabiduría, la nobleza y la humildad fueron, acaso, los rasgos distintivos de la personalidad del Niño más recordados por quienes lo conocieron. El bajista Fabián García Caturla, que trabajó en muchas ocasiones con el Niño Rivera y fue su amigo, comparte estos recuerdos que hablan de la condición elevada de su persona:

> Mi tía Sofía era pianista y tocaba con la orquesta Anacaona. El triunfo de la Revolución la sorprende en el extranjero. Cuando regresa a La Habana, muchísimos músicos tratan de contactar con ella, entre ellos el Niño Rivera, que la andaba buscando para tocar en algunos bailes. Iba con ella para todas partes, tenía yo catorce años y Sofía, además, era la pianista de Los Tropicuba, donde cantaba La Lupe antes de ser solista. Así conozco yo al Niño. Años más tarde, cuando me adentro en la música y empiezo a conocer a muchos personajes y músicos importantes, yo ya sabía quién era el Niño Rivera.
>
> Recuerdo que una vez en el hotel Marea del Portillo estoy yo con la Jorrín y Rubén González y me dice Jorrín: «¿Ustedes no escuchan esa música?». Fuimos a ver ¡¡¡y era el Guayabero acompañado por el Niño Rivera!!! ¡¡Y lo que estaba haciendo el Niño con el tres era tremendo!! Estaba haciendo cosas clásicas con el tres. Jorrín dice: "¡¡¡Primera vez que yo veo en mi vida que con ese instrumento se puedan hacer esas cosas!!! Es una lástima que a ese hombre tan grande no se le haya valorado lo suficiente". Por su forma de ser nadie sabía que en esa persona había tanta sabiduría. Era un tipo muy modesto, muy tranquilo, no hablaba mucho ni hacía alarde de nada. Él era así.[197]

145

En cierto sentido, al Niño Rivera la buena fortuna no le acompañó siempre; más bien, le abandonó en muchísimas ocasiones, probablemente aprovechando la brecha que dejaban abierta su proverbial modestia y su inveterada característica de hacer pare-

197. Fabián García Caturla. Entrevista por la autora. La Habana, 10 de septiembre 2018.

Una de las últimas fotos del Niño Rivera, su casa de Apodaca cuando escribía un nuevo tema
Fotografía: Cortesía de Gloria Echevarría Portal

cer como normales muchas de sus proezas musicales. Entre los episodios desilusionantes están sus malogrados intentos por hacer populares los ritmos creados por él —cubibop, afrokán, cubayá—, en su afán de búsqueda y renovación; el olvido rampante de sus excelentes grabaciones en el volumen tercero de las *Cuban Jam Session*, cuando se habla de estas míticas descargas, probablemente por el momento histórico en que fueron registradas en sus matrices; el destino que tomó su tan llevado y traído método de tres, destinado a vivir ya inédito, relegado y subvalorado en

146

su versión original; el haber decidido permanecer en Cuba, cuando la mayoría de los músicos relevantes y contemporáneos con él se dispersaron por otras latitudes geográficas; y después, aun así, no recibir todo el reconocimiento y las posibilidades que merecía en cantidad y calidad. A todo esto, habrá que sumar la pérdida de la mayoría de sus partituras y notas manuscritas, que el paso del tiempo y las inadecuadas condiciones en que debieron permanecer en su vivienda impidieron que llegaran a nuestros días.

Niño Rivera
Fotografía: Cortesía de Patrick Dalmace

LEGADO DE TRESERO

No hay final para el Niño Rivera. Son los músicos, los treseros, quienes lo dicen y lo hacen vivir a través del legado que de él reciben. Los treseros tienen que hablar del Niño Rivera y lo hacen de manera especial, entrevistados para este libro.

Efraín Amador

Chambas, Cuba, 1947. Tresero, laudista, guitarrista, compositor, pedagogo, tresero. Instauró el sistema didáctico para la enseñanza académica del tres y el laúd en las escuelas cubanas de arte. Destaca además por su constante labor en favor de la difusión del tres y el laúd en las nuevas generaciones.

Isaac Ovideo, Arsenio Rodríguez, Niño Rivera y Chito Latamblet son los que hacen los aportes fundamentales en ese período de la primera mitad del siglo XX [...]. Junto a Félix Guerrero Reina, Niño Rivera forma el binomio precursor en la fijación de guías metodológicas para el estudio y desarrollo del tres [...]. Después que conocí al Niño, comencé a ir con mucha frecuencia a su casa para salvar «El vals de mis sueños» y otras piezas, en momentos en que ya él no podía tocar y era necesario salvar aquellas obras. Después de eso hicimos una amistad y yo compuse «un estudio-fantasía» para mi método de tres, entre los muchos que he escrito. El legado fundamental del Niño Rivera, a mi juicio, es haber llevado esa armonía tan compleja del *feeling*, herencia de Debussy, de Gershwin, a la perfección, porque después de eso nadie podía hacer nada más completo en un instrumento como el tres. ¡Y el hecho de que todo esto haya quedado escrito!

En lo personal, la influencia del Niño Rivera en mi obra es perceptible: hice una pieza dedicada a mi hija Ariadna, titulada «Variaciones para Ariadna», en la que una de las variaciones está basada en los acordes de cuatro notas. Es esa una influencia directa del Niño Rivera en mi obra.

Francisco Leonel Amat, Pancho Amat

Güira de Melena, Cuba, 1950. Tresero, compositor. Uno de los treseros más prominentes y cuyo trabajo ha sido decisivo en la expansión internacional del instrumento y en el acceso de este y sus ejecutantes a los medios de comunicación en Cuba. Ha contribuido de manera cardinal a llevar el tres a los escenarios con influencias del *jazz* y la música de concierto.

148

El Niño era un músico integral. Lo que pasa con él es que era uno de esos músicos tan completos y tan grandes que todo lo que hacía y lo que aportó y las posibilidades que tenía estaban por encima de lo que proyectaba. Y él se proyectaba como tresero, y como era un excelente tresero, no siempre permitía que brillaran tanto sus otras cualidades musicales. Como tresero, el Niño va por un carril aparte; hizo lo que no hizo nadie, las armonías que él tocaba… tenía un sentido de lo que era el tres, tremendo.

La primera vez que vi a Niño Rivera fue por televisión, en aquel programa del mediodía que animaba Germán Pinelli, al que Niño iba con frecuencia al frente de su ConjBand. Me llamaba la atención, pues entonces había orquestas y conjuntos: los que tenían trompeta eran los conjuntos; los que tenían flauta eran las orquestas; pero es que el Niño tenía trompeta y saxofón. Y el saxofón era patrimonio de los formatos de *jazz*, ¡¡las *jazz band*!! El Niño entonces ya incluía el saxofón en la sección de metales y, además, venía con su tres. Te hablo del año 1960, 1962.

Aquello no tenía la incisividad rítmica que tenían los conjuntos de músicos negros como Chappottín, el Conjunto Bolero, Las Estrellas de Chocolate; tampoco tenía el sonido de los menos negros, como el Conjunto Casino, el de Luis Santí. El del Niño tenía un sonido diferente, un poco exótico. «El Jamaiquino» […] tenía una armonía diferente […] y a mí, que nunca había oído ni tenía la menor idea de que el *jazz* existía, aquello me sonaba muy curioso, muy peculiar. Esa fue la primera impresión, el primer acercamiento que tuve al Niño Rivera.

Teníamos un conjuntico en mi pueblo, Güira de Melena, con dos o tres trompetas, y conseguimos algunos arreglos de otros grupos: de La Sonora Matancera, de aquí y de allá; y alguien se apareció con unos arreglos del Niño Rivera. Pero los músicos me dijeron que no: «El Niño no, ¡porque es muy complicado!». Los músicos de tercera línea, que era lo que éramos nosotros, lo consideraban muy complicado, porque claro, lo que él hacía en sus arreglos demandaba de un conocimiento musical en toda regla.

En una ocasión iba a un festival invitado por Leo Brouwer a Martinica y había preparado unas cosas de Juan Sebastian Bach, para tocarlas en el tres, y quise consultárselas. Voy y le digo: «Niño, a ver qué le parece esto». Se lo toco, y me dice: "Qué bueno Panchito, lo único que… sabes… pa'tocar eso… sí… pero recuerda que el tres no camina así"; y le pregunto: '¿Y cómo camina el tres?'. «Toca un puntico guajiro de tu tierra», me responde. Lo toco y cuando fui a hacer la escala, donde iba la aguda puse la grave, porque el tres camina así. Y me dijo: "Ah, acuérdate que el tres camina así: al revés". El Niño era un especialista en tocar con las melodías invertidas y le sonaba el tres exótico, con una belleza tremenda. Yo tocaba el tres con la encordadura de los soneros, o sea, poniendo una octava en la cuerda de abajo. El Niño me la quitó. Me dijo que la ventaja de poner unísono abajo: tocó y me convenció. Y yo cambié la encordadura mía porque el Niño me lo demostró y me convenció.

En 1978, en un Festival Mundial de la Juventud, había un gran concierto al día siguiente en el Karl Marx y deciden terminar con «El carbonero», pero los que dirigían aquello se dan cuenta de que lo que tenían era a la Orquesta Cubana de Música Moderna. No hay versión de ese tema para una *big band* como aquella. Alguien dice: «El Niño está por ahí». Le hablan y dice: "Bueno, vamos a ver qué se puede hacer". El concierto era al día siguiente. Y en un día el Niño se apareció y trajo una orquestación, una versión para *jazz band*... ¡que se acabó el mundo!

El mayor aporte del Niño, en mi opinión, lo hizo al lenguaje del tres, porque hay que revalorizarlo, habría que ponerlo en la estatura que realmente tiene. Hizo muchos aportes. No solo yo: todos los treseros tenemos que sentirnos deudores del Niño Rivera. Los que conozcan la obra del Niño tenemos que reconocer que siempre, en algún momento, todos recurrimos a él. A veces, cuando estaba yo grabando con Pablo Milanés, me ponía delante unos apuntes, en un papelito, las armonías... y cuando le preguntaba qué cosa era, me decía: «El Albino y Cotán. Dale, ¡venga!». Y luego me decía: "Y vete como el Niño". Lo que quiere decir que tenía un código, un estilo, una manera de tocar como el Niño, que lo distinguía de los demás, como la diferencia que puede haber entre Beethoven y Rajmáninov: eran románticos los dos, pero los estilos eran diferentes. Eso era sabido, y el Niño era respetado y temido, por la complejidad de sus arreglos. ¡La gente no le quería meter mucho la mano!

Juan de la Cruz Antomarchí Padilla, Cotó

La Habana, Cuba, 1964. Tresero, músico empírico, de amplia trayectoria dentro y fuera de Cuba, con un estilo muy personal, permeable a influencias que van desde la tradición hasta el funky, el *jazz*, el *rock*, entre otros.

Pude conocer a Niño Rivera. Cuando se habla de él, estamos hablando de una alta categoría, de un tipo fuera de serie y de un tresero que estaba adelantado a su época. Era algo increíble, tanto como persona, arreglista y tresero, porque llegó a tocar y hacer cosas en el instrumento que estaban muy por delante de su tiempo, en el sentido del empleo de la armonía. ¡Lo escuché pocas veces en vivo, pero para mí, mis respetos para Niño Rivera! No sé con qué lo puedo comparar. Era un hombre muy bueno como persona, y en su instrumento sabía lo que quería; estudió la música y como arreglista fue respetado en todos los sentidos. Armónicamente había que ser muy buen ejecutante para interpretar y hacer las cosas que hacía el Niño. Le tengo mucho respeto.

Influye mucho en mí porque cuando lo escucho, de una manera u otra se me inyecta el alma, el corazón, me conmueve la forma en que él ejecuta y emplea esa armonía contemporánea, adelantada a su época. Todos estamos de un modo u otro influenciados por él, por la forma en que utilizaba el *jazz* y la música americana, y, en general, las armonías complicadas. Yo utilizo un poco de esas influencias del *jazz*, el *funky*, y tengo una mezcla de músicas en cuanto a la interpretación, lo que me hace ser diferente a los demás. Con su influencia del jazz, pienso que Niño Rivera influyó de un modo u otro en todos los treseros, aunque muchos no lo reconozcan.

Renesito Avich

Santiago de Cuba, 1989. Productor y tresero, uno de los más virtuosos y creativos de la nueva hornada. Asume de un modo personal el legado de la tradición sumando a ello las características de la ejecutoria del tres en la zona oriental.

La primera referencia que tuve de Niño Rivera fue un disco de vinilo que tenía mi abuelo en casa. Ya varios amigos del barrio, al ver mi entusiasmo por el tres, me habían aconsejado que escuchara grabaciones del Niño, pues para aquella época ya él había desaparecido físicamente. En este fonograma el Niño aparecía mayormente como arreglista y tal vez tuviera un solo de tres en uno o dos *tracks*. En esta etapa de mi carrera yo estaba comenzando a entender el lenguaje de nuestro instrumento, el cual sigo estudiando cada día; pero lo que más me impactó fueron sus orquestaciones: eran muy atrevidas, ricas en armonía y con una diversidad tímbrica bien interesante.

Luego pasó el tiempo y el nombre de Niño Rivera seguía llegando a mis oídos por medio de otros músicos de la vieja guardia, los cuales me seguían recomendando recursos de referencia para el estudio del tres. Hasta llegar a La Habana y conocer al maestro Pancho Amat personalmente no fue que supe mucho más acerca de la historia del Niño. Luego me di cuenta de que él fue responsable de las orquestaciones más importantes de su época y al escuchar otras grabaciones también pude apreciar que su proyecto personal como artista estaba muy influenciado por el *jazz*. Esa mezcla que ocurrió en la capital cubana por aquellos tiempos entre abakuá, congo, yoruba y las sonoridades del *jazz* con sus armonías era algo que distinguía el estilo de interpretación del Niño, lo que era algo muy novedoso para mí, que soy un tresero que viene de Santiago de Cuba, con una manera de interpretar más cercana a la trova y al son de las lomas.

También es válido mencionar que el Niño tocaba con la cuerda prima entorchada, lo cual para mi opinión cambia totalmente la dirección a la hora de tocar y pensar en el tres; esta era una forma de encordar que usaron varios treseros de la generación de Arsenio Rodríguez y se sigue utilizando hoy por grandes treseros como Cesar Hechavarría, Cotó, entre otros. Posiblemente ese era uno de sus secretos para generar tan lindas y singulares armonías.

Creo que las influencias de Niño Rivera en mí son muy claras; en mi etapa de estudiante y compositor en el Instituto Superior de Arte se notó mucho más, pues andaba en la búsqueda de nuevos colores para el tres. Hoy lo aprecio como parte de mi espectro sonoro y lo empleo en cada una de mis interpretaciones y arreglos. Creo que tengo aprender e investigar mucho más sobre él; estoy seguro que falta mucho por descubrir en el gran Niño Rivera.

Fernando Dewar Webster

Cayo Mambí, Cuba, 1966. Tresero que reivindica la tradición del instrumento en la zona oriental de Cuba. Como director del Septeto Santiaguero ha obtenido dos premios Grammy Latino: en 2015 en la categoría de Mejor Álbum Latino Tropical con *No quiero llanto. Tributo a Los Compadres* y en 2018 como Mejor Álbum Tropical Tradicional con *A mí qué. Tributo a los clásicos cubanos.*

Me decidí definitivamente por el tres cuando tenía 22 años. Anterior a ello, tocaba guitarra y cantaba en inglés, además de algunas canciones de la nueva trova; y toqué contrabajo en septetos de aficionados en el pre y la universidad donde estudiaba. Fue en ese momento que empecé a buscar y escuchar grabaciones de treseros y una de las primeras fueron las de Niño Rivera.

Noté en su forma de tocar algo que quizás en aquel momento no podía definir ni explicar, como puedo hacer ahora, pero su manera pausada, dibujando constantemente melodías que se entralazaban con los giros melódicos de las voces y el tumbao del bajo sazonado con el ritmo de bongoes y tumbadoras, definían un sabor que a claras luces marcaba la diferencia. El punteo sincopado con rubateos entraban en perfecta concordancia con los demás instrumentos y le daban al bailador una señal motivadora. De alguna manera se marcaba un estilo que unido a las formas de tocar de Arsenio y otros fijaban una cadencia que marcó la época dentro y fuera de Cuba.

Son visibles sus huellas en figuras como Pancho Amat, Juan de Marcos González —quien grabó un disco impresionante en su homenaje con Afro Cuban All Star—, Papi Oviedo, Cotó, el Lento, Efraín Ríos, los puertorriqueños Nelson González y Mario Hernández, entre otros; sin obviar a los muchos y muchos treseros jóvenes que siguen bebiendo de esa fuente nutricia, como Renesito Avich, Javier, San Miguel, entre otros. El tres, al ser un instrumento de improvisación con posibilidades ilimitadas, ha permeado con su sonoridad a otros géneros de la música cubana y marcando el estilo de intérpretes como Niño Rivera. Todo ello es evidente en los discos que grabó.

Su legado es imperecedero, pues aun cuando existen ya escuelas donde se imparten clases de tres, la escuela de tres cubano tiene y tendrá siempre que volver a las raíces y buscar sus referencias ahí, en su forma de tocar, en los tumbaos para el son, en sus improvisaciones a contratiempo, en sus composiciones hechas en complicidad con este instrumento.

Siento en mi forma de tocar también las influencias de Niño Rivera, pues en la búsqueda de un estilo propio me he apoderado de recursos musicales empleados en sus improvisaciones.

No tuve la suerte de conocerlo personalmente.

Maykel Elizarde

Santa Clara, Cuba, 1979. Considerado uno de los treseros más virtuosos, desde su trabajo en el Trío Trovarroco, formación que lleva al ámbito concertante la música tradicional cubana y que desde hace algunos años acompaña al trovador y compositor Silvio Rodríguez.

La primera referencia que tengo de Niño Rivera es en 1997, cuando estaba en el proceso del pase de nivel en la Escuela de Arte y el profesor Efraín Amador lo mencionó en algún momento del conversatorio que tuvimos, en el que participó también Pancho Amat. Los dos hablaron de Niño Rivera. A partir de ese momento, me cautivó todo lo que se dijo allí sobre su genialidad. Cuando pude tener una primera referencia auditiva fue en un documental sobre Miguelito Cuní, y Niño Rivera, como se sabe, tuvo mucha colaboración con Cuní. Ahí fue donde me sorprendió de verdad: un músico con un estilo muy marcado, con una estética en su música y, en ese momento, me di cuenta que estaba frente a uno de los mejores treseros del mundo.

En mi carrera, y en la vida de todos los treseros cubanos, el Niño Rivera está presente, pues él fue el vehículo para poder lograr un mayor concepto armónico a la hora de la ejecución en este instrumento. Y en mi carrera en particular está siempre presente, ya sea en la improvisación, o en los tumbaos, que es muy característico del tres.

Niño tuvo mucho conocimiento del *jazz*, fue uno de los músicos que tuvo que ver con el *cubop*, y me aventuré a hacer el proyecto Maykel Cuarteto, una formación que armé hace un tiempo atrás, y cuya motivación fue la influencia de Niño Rivera. De cierta manera enseña todo su *feeling*, toda su música, toda su armonía, todo su concepto del *jazz*. En mi opinión y la de muchos treseros, era el Niño el único tresero que estaba preparado para asumir este tipo de concepto que es el *jazz* y lo que hoy se llama fusión. Era un músico que tenía la capacidad de ser uno de los grandes arreglistas de este país, sin dudas. Tenía un nivel y un concepto de la orquestación tanto de la *jazz band* como de cualquier formación y eso lo aplicaba muy bien en el tres. Por eso lo considero el armonista del tres y por eso ha sido la inspiración en mi carrera, totalmente, porque en ese momento sentí una corriente distinta, un concepto distinto de cómo se podía tocar el tres y hasta dónde se podía llegar con ese instrumento.

Trato siempre de buscar ese concepto de Niño Rivera, alguien que tenía mucha imaginación; un sentido rítmico, armónico y musical exacto, de muy buen gusto. Trato siempre de aprender de ese maestro; quiere decir que en lo personal lo admiro mucho. Conocí a su hijo Mario y compartimos muchas cosas y conocí otras que me hacen admirarlo aún más. Es el armonista por excelencia del tres cubano, sin lugar a dudas. Y ojalá que todos los que estudiamos y defendemos este instrumento tengamos siempre de referencia y tengamos el respeto que ese gran hombre merece.

Soy de una generación más reciente y, cuando empecé en el tres, escuché un tema en el documental y me reunía mucho con los jazzistas y uno me dice: «Te pareces un poco al Niño Rivera en la forma y en el físico». Sabía entonces algo de quién era Niño Rivera y me pone «El Jamaiquino». Fue tal la impresión que me dejó conocer y escucharle, que estuve más de un mes sin tocar el tres ni subirme en un escenario. Con la impresión que aquello me dejó: fue un hombre que de pronto me asustó y me eclipsó. Y por eso estuve ese tiempo alejado de los escenarios, por causa del virtuosismo y el estilo del Niño. Ya estando trabajando en los Estudios Ojalá, seguía sin tener mucha información sonora de los trabajos del Niño y uno de mis compañeros, el baterista Oliver Valdés, me trajo un disco completo de Niño Rivera. Le dije a Oliver: "¡Compadre, tú pareces más tresero que yo!". Y en realidad es importante saber cuánto alcance tiene un hombre que gusta en todos los instrumentistas: en los percusionistas, los saxofonistas… Le he dado a escuchar a muchos músicos de mi generación las grabaciones de Niño Rivera y se han quedado asombrados y maravillados. Por eso es que estuve tanto tiempo sin poder tocar después de mi primer encuentro con una grabación donde tocaba Niño Rivera. ¡Tuve que curarme mentalmente para poder continuar mi trabajo y mis estudios en ese momento!

Juan de Marcos González

La Habana, Cuba, 1954. Tresero, director, productor. Inspirador y creador del Buena Vista Social Club. Con una obra comprometida con la defensa de la música tradicional cubana, fue líder del Grupo Sierra Maestra y años después de Afrocubans All Stars, con el que continúa la misma línea.

Gracias a los treseros legendarios tenemos ahora treseros del calibre de Pancho, Cesar *el Lento* Hechavarría, Renecito Avich o San Miguel [Pérez]. En mi trabajo siempre he tratado de respetar las pautas seguidas por el Niño. Sobre todo, el principio de mantener la cubanía dentro de un sistema armónico contemporáneo y utilizar los acordes sustitutos sin que cambie la esencia de los temas. Tal vez ya te has dado cuenta de que él y Arsenio [Rodríguez] son dos de mis ídolos. Ellos, junto a [Mario] Bauzá, son los «inventores de la sopa de ajo».

Otra cosa que hago es seguir la forma de afinar y encordar el instrumento que tenía él. Cuando pones debajo y a octava una cuarta afinada en E para tocar en la segunda inversión del C, no puedes ser muy rápido, pero el tres suena «macho» y ocupa un rango de frecuencias más amplio. El Niño nunca tocó rápido (el único rápido que conozco de su generación fue el boricua Luis *Lija* Ortiz).

Y creo que se le caería la baba si viera tocar a cualquiera de los chamacos de ahora. Pero el tres le sonaba tremendo. No le hizo falta. Y es, definitivamente, uno de los padres fundadores de la música afrocubana contemporánea, a quien todos debemos mucho.

Nelson González

Vega Baja, Puerto Rico, 1948. Tresero, guitarrista y compositor. Entre otras formaciones, integró la Fania All Stars, la Orchestra Harlow y la Típica 73. Fue el tresero en las grabaciones que realizara Israel López Cachao tras su salida de Cuba. Su segundo disco en solitario, *Pa'los treseros* (2001), fue nominado en 2002 a los Latin Grammy como Mejor Álbum Tradicional Tropical.

Era un hombre bien profundo, no hacía alardes, no se vanagloriaba. Hablando de espiritualidad… recientemente grabé un disco de *latin jazz: Del Caribe Latin Jazz*, con Emilio Morales, al estilo de Frank Emilio y Los Amigos. Y, casualmente, me dio por usar el tres del Niño en toda la grabación, cambiándole cuerdas todos los días. Hay un tema, «Para Tata» (dedicado a Tata Güines), en donde todos los solos los hice con el tres del Niño. La ironía de la vida: cuando algunos de los músicos escucharon los *tracks*, dijeron: «¡Wow! ¡El espíritu del Niño estaba en esa grabación, porque tocaste con el sonido de él, eras tú, pero era él también!».

César Hechavarría Mustelier, el Lento

Santiago de Cuba, 1965. Tresero y compositor. Es uno de los virtuosos contemporáneos del instrumento, reconocido internacionalmente. Vino de su ciudad natal al llamado de la agrupación Jóvenes Clásicos del Son, pero asegura que sus raíces siguen estando allí.

Soy tresero empírico, pero quien me inspiró a aprender a tocar el tres fue alguien a quien llamo mi maestro: Rigoberto Hechavarría, Maduro. No es mi padre, y tampoco es familia mía. Mi padre era el tresero Cecilio Hechavarría Rondón, y me llevaba a la Casa de la Trova donde yo veía a Maduro tocar su cuatro, no un tres, pero así fue que, viendo su virtuosismo, lo que él hacía, me inspiré en él, que era un clásico y me enamoré de lo que él hacía.

Fui director musical de Melodías de Ayer, lo que es hoy el Septeto Santiaguero. Cuando decido irme de esa formación, entra Fernando Dewar, que es cuando le cambian el nombre. En 1988 o 1989 —no recuerdo con exactitud—, vinimos a La Habana y nos presentamos en el Festival Juan Arrondo, en Guanabacoa. Cuando estábamos tocando, había un señor junto a la tarima, en una silla de ruedas. Y uno de los cantantes me pregunta: «Tú sabes quién es ese señor que está ahí? ¡Tú tienes mucho que ver con él: es el Niño Rivera!». ¡Ya estaba loco por terminar para ir a conocerlo! Me lucí tocando, era yo muy joven y me puse a descargar, sabiendo que él me estaba viendo, y cuando termino él me llama. Cuando fui me dio la mano y me dijo: "Muchachito, vas por muy buen camino. Veo que tocas diferente a los treseros que he escuchado". Regresé a Santiago; es ahí que empiezo a escuchar su música. Cuando lo conocí yo no había escuchado nada de él. Cuando oigo «El Jamaiquino» —era en una grabadorita de casetes—, me quedo privado, porque el Niño ponía unos acordes así grandísimos y pisaba una cuerda y dejaba la otra…, ¡algo que me parecía increíble!

Entonces me pongo a pensar y llego a la conclusión: Maduro es santiaguero y el Niño es de Pinar del Río, de extremo a extremo, pero a pesar de eso tenían mucho que ver. Cuando ya empiezo a darme a conocer en Santiago, me decían que yo sí era alumno de Maduro, pero tenía mucho que ver con Niño Rivera: soy rápido, afino sol-do-mi, que podía ser la-re-fa sostenido, pero aquí en Cuba no podemos usar esa afinación tan alta porque se revientan mucho las cuerdas, y ya tú sabes… duran menos.

A partir de ahí empecé a beberme todo lo que encontraba del Niño. ¡¡Qué decirte!! ¡Qué puedo hablarte de ese hombre que a mí me dejaba loco! Porque yo pienso y me digo: ¡y en esa época, ese hombre ponía esos acordes, esa armonía! ¡Se adelantó a su tiempo! Tanto Maduro como el Niño tenían una influencia diferente, eran diferentes al resto de los músicos. Por eso no entiendo cómo dos personas que vivían en extremos opuestos hayan podido ser tan similares. No sé si se vieron alguna vez, si se conocieron…

Maduro era el director del Cuarteto Patria cuando el Niño vivía. No sé, quizás en cuanto a Maduro y sus influencias, la cosa pudo haber venido de aquel matrimonio de músicos de New Orleans que se mudó a Santiago de Cuba a principios de siglo y trajo ciertas influencias que fueron asimiladas en Santiago y en cuanto a la música, el *blues*. En lo musical eso se nota en algunas composiciones y arreglos de Compay Segundo.

Me pregunto constantemente cómo Niño Rivera pudo hacer lo que hizo, tocar esos acordes que nadie podía ni intentaba tocar. El Niño se adelantó cien años a los demás. Pienso que es muy importante mantener vivo el legado de ese hombre, al igual que el de Rigoberto Hechavarría Maduro, un perfecto desconocido para la mayoría de los músicos cubanos, a pesar de lo mucho que aportó. Por eso quisiera que pusieras ahí también su nombre.

Y sí, ¡claro que identifico influencias de Niño Rivera en mi trabajo! Cuando lo descubrí me di cuenta de lo mucho que tenía yo que ver con él. Me enamoré de lo que hacía, pues estaba mucho más cercano de lo que era mi trabajo en ese momento, que de lo que hacía Maduro. Me impresionaron esos acordes grandes que hacía, algo que yo quería imitar, pero me percaté de que el Niño, además, tenía las manos grandes, dedos largos. Pero aun así me empeñé y hoy día muchos de los acordes que toco los aprendí del Niño.

Como tresero y músico te puedo decir que el tres estaba dormido. Un instrumento que es patrimonio de la cultura cubana, en aquel tiempo estaba olvidado y pienso que fue Niño Rivera quien levantó el nombre del tres. Después de él fue que vinieron esos treseros, que han continuado ese legado, pero fue a partir de Niño Rivera que el tres marcó un momento de diferencia e importancia en la cultura cubana. El Niño es como decir José Antonio Méndez y César Portillo de la Luz en el *feeling*. Esa sonoridad, ese *swing* al poner los acordes, ese saber ser contundente y poner el acorde donde va, el único que lo hizo fue él.

Ha sido muy bueno tener una escuela de tres con logros en la enseñanza del instrumento, pero pienso que hace falta que se mire más atrás. En las escuelas, tengo la impresión, son muy pocos los muchachos que van a conocer y van a tocar la música que hicieron los treseros de aquellas épocas. Pienso que hay que llegar al Niño y a todos los de su época e incluso antes. Es ahora que los muchachos que estudian, y hasta nosotros, comenzamos a conocer con mayor profundidad lo que hicieron Isaac Oviedo, Eliseo Silveira, Arsenio, Niño Rivera, el boricua Luis *Lija* Ortiz, y muchos otros. Es cierto que hubo una etapa donde esa información, esa música, no estaba disponible en Cuba, no se encontraba. Ahora el acceso a ella es universal, pero hay que seguir hurgando en las raíces, rebuscando, desempolvando lo que se descubra o lo que ha estado dormido, sin conocerse, de esos grandes treseros. Es la raíz, la identidad.

La prueba está en Pancho Amat. Es cierto que afina distinto: mi-si-sol. Pero si en el año 72 Pancho no empieza a tocar el tres que estaba tocando y que lo hizo famoso y reconocido en el mundo, el tres no existiera ahora. Pancho le dio un nombre, lo subió, lo levantó, con otra afinación, que a Pancho le suena a tres, a pesar de que muchos lo han seguido y les suena a guitarra. Si Pancho no hace eso, el tres no vive. Hay que hurgar en el pasado y traer al presente eso de lo que también Pancho bebió. Ahí están las cosas increíbles que se puede sacar del tres, el valor que tiene, que lo están demostrando los muchachos jóvenes. Muchos son unos virtuosos extraordinarios, son como Beethoven, pero de estos tiempos. Ahora bien, si hubiesen tenido más acceso a la música de los treseros anteriores a 1950 como Isaac Oviedo, Niño Rivera, y muchos otros, hoy serían, además de unos Beethoven de estos tiempos, Niños Rivera de estos tiempos.

Benjamín Lapidus

Hershey, Estados Unidos, 1972. Guitarrista, tresero, compositor, pedagogo, musicólogo y *jazzman*. Tiene en su haber diversas obras que recogen sus investigaciones y estudios sobre el changüí y el tres, el tres en el *jazz*...

Conocí a Niño Rivera a través de las grabaciones de las descargas de Cachao. En estas grabaciones el Niño está sentando cátedra. Su estilo era muy distinto al de Arsenio, Isaac Oviedo, Papi [Oviedo] u otros, y desde ese momento en que por primera vez me enfrenté a su modo de tocar, pude conseguir una de sus últimas grabaciones: «Nuevo son». Había una tienda de discos muy conocida en la estación de la calle 42 y Harry Sepúlveda era uno de sus compradores; era coleccionista y me dijo que el Niño tenía mucha música y me recomendó que la escuchara. Allí compré el disco de la descarga cubana donde Niño lidera su propio grupo. Un amigo mío que era muy amigo de [el Gran] Fellove me habló también del disco que grabaron juntos. Entonces, empecé a buscar todo lo que podía, a buscar cualquier grabación donde el Niño tocara con su tres, como las de Estrellas de Chocolate, Las Estrellas de Areíto… Pero también conseguí las grabaciones que tenían sus arreglos, como las de [Antonio] Arcaño, Ela Calvo, etcétera.

El Niño tenía un *swing* inigualable. Su sentido del *swing* o sincronización con el compás era muy particular. El Niño cuando toca casi parece que está flotando, con una libertad entre frases sincopadas y un sentido del compás muy abierto. Sabe a dónde quiere llegar, igual que quien le escucha, solo que él disfruta tomándose su tiempo y no llega a ese lugar que se quiere o se sabe de la manera esperada. Cuando el Niño improvisa, juega con los floreos y adornos, y su manera de conectar los acordes es sorprendente. Sus movimientos en el diapasón demuestran su conocimiento total del mismo. Su sabiduría armónica le llevó a construir líneas largas en sus improvisaciones que fluyen y suenan muy natural.

El legado de Niño Rivera y su manera muy moderna de tocar el tres me ha influenciado profundamente en mis composiciones y mi modo de tocar, al igual que ha ocurrido con muchos músicos. Su manera de jugar con las convenciones de los géneros y con las expectativas de los oyentes era muy personal y lógica. Creo que su obra refleja un sincretismo musical muy orgánico y natural donde el *jazz* y la música cubana están mezclados en una manera interesante y refrescante que debemos estudiar e investigar más. Estudiar su obra y su estilo es requisito indispensable para cualquier estudiante del tres y cualquier seguidor de la música cubana o el jazz, y sigue siendo relevante después de tanto tiempo.

Escuchar al Niño tocar el tres, al igual que a alguien como Chito Latamblet, me llevó a confirmar que los cromatismos son importantes en el contexto de la música tradicional. Eso también me empujó más allá de las secuencias armónicas tradicionales del son y empecé a tocar *jazz* con el tres cubano. Muchas de mis composiciones de los últimos veinticinco años salieron como estudios de *bebop* para el tres con ritmos de Cuba, República Dominicana y Puerto Rico. No tengo ninguna vergüenza en decir que la influencia de Niño Rivera en mi obra ha sido grande, sobre todo en temas como «Tres is The Place», «La dialéctica de un soplapote», «Blue Tres», «Coltrane con changüí», «Ornetteando» y otros.

Lo que percibe mi oído es que el Niño se podía haber insertado perfectamente en el ámbito del *jazz* y eso me inspiró a componer mi tema «El Niño Rivera en la calle 52», en el que imagino a ese hombre descargando sobre los acordes de «Donna Lee/Indiana» con gente como Charlie Parker y Dizzy Gillespie en la calle 52, donde hubo muchos clubes de *jazz* desde los años cuarenta hasta sesenta.

Yusimil López Bridón, Yusa

La Habana, Cuba, 1973. Cantante, guitarrista, tresera, bajista, compositora. Fue la primera graduada de tres en el sistema cubano de enseñanza artística, en las escuelas de arte. Con el tres va desde el *rock* hasta el son, pasando por un amplio espectro de géneros.

163

Mi primer vínculo con el Niño Rivera fue con su música, sobre todo con «El Jamaiquino», que en la época de mi infancia se escuchaba bastante. Pero aún entonces no sabía que esa música, que yo no paraba de bailar y disfrutar, venía de su mano. De hecho, llegó a mí como parte del programa de la carrera de tres y laúd, creado por Efraín Amador y Doris Oropesa.

A esto le antecedieron intentos de integrar los elementos folclóricos cubanos a la música universal, como el trabajo del Grupo de Renovación Musical, a través de muchos años, con José Ardévol junto a jóvenes músicos, como Harold Gramatges y Argeliers León. Ya nadie conocía de la existencia de esos músicos, los de música tradicional y los que intentaron renovar la música llamada contemporánea, por lo cual agradezco el haber entrado en contacto con ellos estudiando en el conservatorio Amadeo Roldán.

Al escuchar al Niño Rivera, me di cuenta de que en sus arreglos había una mezcla de tradición y modernidad, cualidad que creo imprescindible para todo músico. Tener como legado la obra de Niño Rivera es un lujo para celebrar y sobre todo mucho material de estudio para todos aquellos que se dediquen al estudio del tres. Por supuesto que reconozco su influencia en mi trabajo: una parte sin saberlo, pues venía de la música que escuchaban mis padres; y otra, la que más concierne a mi época de estudiante cuando monté por primera vez una obra suya llamada «Jardín de ensueños», que expandió para mí los horizontes de un instrumento de origen rural. Ya para ese entonces había escuchado al maestro Pancho Amat, a Papi Oviedo y a Cotó, entre otros, y he podido desarrollar un estilo propio y otra manera de continuar el legado de nuestra cultura que cuenta con músicos de la talla del Niño Rivera. ¡Una suerte de vida para la música!

Guillermo Pompa Montero

Bayamo, Cuba, 1962. Tresero y compositor. Ha trabajado con Estrellas de Chocolate, Septeto Nacional Ignacio Piñero, Conjunto Chappottín, Grupo Manguaré, entre otros. Participó en la histórica grabación del CD *Pasaporte*, con Tata Güinnes y Miguel Angá Díaz. Desde 1999 vive y trabaja en España.

Cuando empecé a tocar el tres, Miguel Pérez, exdirector de la orquesta Estrellas de Chocolate, me dijo que escuchara a varios treseros para poder estudiarlos y aprender. Entonces me mencionó a Niño Rivera: esa fue la primera vez que oí hablar de él. Compré un disco suyo para estudiarle y aprender, como me habían dicho. Y aunque escuché a los demás y de todos fui cogiendo escuela, nada más oir al Niño me identifiqué rápidamente con él, pues además de destacar en conceptos y armonía, era novedoso; ese era el pun-

to que teníamos en común, eran los aspectos que más me intere-
saban. Niño Rivera, a través de sus discos, estuvo presente en mis
inicios, pero a él, en persona, lo conocí mucho más tarde.

Después de varios años tocando mi tres y siendo ya conocido mi
nombre y mi forma de tocar en La Habana, resulta que era un músico empírico y para poder trabajar como profesional en el mundo de
la música tenía que someterme a una evaluación. Gracias a la amistad que mi padre tenía con el Niño, nos presentamos un día ante él
para preguntarle sobre mi valía. Me escuchó tocar y no tuvo dudas.
Tuvo la iniciativa de formar una comisión, de la que él mismo fue
presidente, y junto al Conjunto Chappottín —con quien más tarde
yo tendría el placer de tocar— y autorizados por el Ministerio de
Cultura y por la Empresa Ignacio Piñeiro, dieron su criterio posi-
tivo y pude seguir mi carrera, ahora ya como músico profesional.

Me identifiqué con Niño Rivera en cuanto le oí, porque ambos
estábamos haciendo algo diferente con el tres: estábamos aplican-
do la armonía como nadie lo había hecho, y por ello me siento
continuador de su obra. El Niño sacó la armonía tradicional del
tres para aplicarle conceptos del *jazz*, junto a toda la escuela que
tenía en la guaracha y el son. Cuando lo conocí, ya me iniciaba yo
con el tres, de forma empírica, en el *jazz*. Mi disco *Tresero mayor.
Jazz a lo cubano*, fue hecho a conciencia y pensando en Niño Rivera, sin estar exactamente pensando en Niño Rivera: está hecho
para sacar al tres de ese estancamiento en el que estaba, después
de que el Niño y Pancho Amat lo llevaran a lo máximo. Niño fue
el primero que llevó al tres la influencia del *jazz*. Yo llevé el tres al
jazz cubano.

Como arreglista, considero que se podría decir que fue el puente entre la música tradicional cubana y la música contemporánea
cubana. Fue una pena conocerle ya en sus últimos años. Creo que
él visionó perfectamente hasta dónde él podía llegar con el tres,
antes de que su entorno estuviera preparado para ello. Se adelantó
a su tiempo y quizás esa fuera la razón de que se sintiera margina-
do e incomprendido. Y he de decir, en mi humilde opinión, que
creo que así fue. El Niño Rivera estaba por encima del conocimiento de muchos treseros y ese conocimiento iba más allá de lo
que él estudió. Ese era su don.

San Miguel Pérez Rodríguez, el Tresero moderno

Granma, Cuba, 1984. Considerado entre los más jóvenes y virtuosos treseros, se reconoce en la influencia de los géneros tradicionales, partiendo del son, pero con su tres electroacústico con pedales ha plantado bandera en Los Angeles, California, y ha mezclado su sonido con el *rock* y el *pop*. Su carrera ascendente incluye su labor como compositor.

El día que tuve la suerte de escuchar al Niño Rivera por primera vez, mi mundo armónico hacia el tres fue impactado por un verdadero destello de melodías y cadencias que, hasta hoy, no dejan de inspirarme y llevarme a la reflexión, cuando pienso en el tres y cuando pienso en Cuba.

Pasé mucho tiempo anhelando escuchar el tres del Niño, el de Arsenio y el de Chito Latamblet, por solo mencionar algunos. Pero los treseros jóvenes como yo en ese tiempo no teníamos la información, ni el acceso a su música.

Gracias a mi amigo colombiano pude escuchar muchos conjuntos, orquestas y treseros clásicos, que como el Niño Rivera, había que escuchar detenidamente, si decidías tomar el tres en serio.

Sin duda alguna, el aporte armónico, melódico y orquestal que el Niño supo transportar al tres no tiene comparación, ni se ha podido superar. Es verdad que el tres en los últimos años ha tomado rumbos muy interesantes, lo cual está impulsando y haciendo que el instrumento siga hacia adelante, buscando nuevos horizontes y evolucionando, en parte, sobre lo que el Niño nos dejó en su obra.

Es difícil armonizar el tres, ya que, en su naturaleza, solo permite trabajar acordes de tríadas y hasta séptimas. Pero a partir del Niño pudimos escuchar cómo el instrumento podía trabajar cualquier armonía junto al piano, saliéndose completamente del contexto y zona de confort.

El Niño fue el primero en trabajar las tensiones de los acordes, obviando la nota del bajo, y de esa manera llevar al tres los acordes en tensiones altas como la oncena, trecena, acordes partidos y demás. Se puede escuchar claramente en «El Jamaiquino» y en «Tú y mi música», dos de sus obras más importantes.

Pero no solo fue técnico su aporte: yo diría que, más importante que eso, fue el sonido y el lenguaje que propuso en esa época, adelantándose limpiamente a los conjuntos que existían. Su manera de arreglar inundó su conjunto de un aura y un sentir al acompañar cada canción que se iba a lo más profundo del sentimiento cuando escuchabas su tres hondo y maduro, y por otro lado super moderno.

Sin el aporte armónico y orquestal del Niño Rivera, la historia del instrumento y la manera de tocar de la nueva generación —y de la no tan nueva— fuera totalmente diferente.

En mi manera de tocar está sin duda la influencia del Niño. Más que rítmicamente, pienso que armónica y melódicamente. Yo pasé primero por lo clásico y el flamenco antes de tocar música popular con el tres. Niño Rivera y Arsenio Rodríguez son mis dos influencias más claras. Arsenio en la parte rítmica y la manera de dirigir los tumbaos, y el Niño, armónicamente.

Claro está que, como todos mis colegas treseros, hemos tenido la dicha y la suerte de tener un tresero que nos ha influenciado y que ha sido el primero en adaptar y desarrollar un lenguaje que va inspirado también en los Pioneros del Tres. Me refiero al maestro Pancho Amat. Si tuviera que escoger tres treseros que son escuela después de Niño Rivera, sin duda serían: el maestro Pancho Amat, Cesar Hechavarría el Lento y Cotó.

El legado del Niño nunca morirá. Es parte del corazón, nacimiento y desarrollo del tres. El tres del Niño no solo nos dejó un alto grado de cubanía y autenticidad, sino que se fue más allá y dejó plasmado su espíritu de *jazz*, *blues* y *feeling*, ¡que hasta hoy brilla con luz propia y enamora al escucharlo tocar!

Como nota final agregaría a las nuevas generaciones: el tres tiene alma propia, no hay que olvidar su naturaleza y origen. La escuela ha aportado un mundo técnico al instrumento, que sin duda lo ha desarrollado, pero en un plano personal diría que esto habría que utilizarlo y aplicarlo de manera sutil, para que no se pase de la raya roja. Cada quien va desarrollando su estilo. Pero yo siento que, por respeto a los que iniciaron el camino, cuando se toque un estilo como el del Niño y Arsenio los recursos técnicos no son lo más importante. Primero el sentimiento y el cantar del instrumento, primero el tumbao y el acompañamiento; luego, y en su momento, lo que cada cual quiera y sienta.

Sigamos llevando el tres hacia caminos atrevidos y experimentales, pero siempre con el Niño y Arsenio bajo la manga, escuchando la conversación.

Efraín Ríos

La Habana, Cuba, 1958. Con un papel importante como tresero dentro del Movimiento de la Nueva Trova, como creador y líder, junto a su hermano Luis, del grupo Raisón, ha contribuido de modo decisivo con la enseñanza del instrumento y la creación de herramientas didácticas y metodológicas para ello.

No soy tresero por herencia familiar, ni por vocación primaria. Cuando decido aprender el instrumento voy a buscar la información necesaria para desarrollarme.

Fui fundador del Movimiento de la Nueva Trova como cantante y guitarrista. Para la continuidad y vigencia del tres, este movimiento fue muy importante, pues lo incorporaba a sus formatos y le dio una presencia en los escenarios y en la difusión: Pancho Amat en el grupo Manguaré, Julián Fernández en el grupo Moncada, Mayito en Mayohuacán, Pepe Ordás en Guaicán y muchos otros que no recuerdo.

Yo tocaba un poco el tres, me entusiasmaba, porque veía por la televisión y en los festivales que aparecían nuevos instrumentistas, pero no tenía contacto con viejos treseros profesionales.

Antes del surgimiento del Movimiento de la Nueva Trova los medios de difusión tenían silenciados a los músicos tradicionales, septetos, conjuntos, etc.; y este movimiento de jóvenes trovadores hacía contacto con ellos y ayudaba a visualizarlos. Claro que había muchos viejos treseros, y buenos, pero los medios proyectaban solo a Pancho Amat, quien, si bien a través de su figura devolvió al tres un papel protagónico y se situó bien merecidamente como otro de los grandes, por su insistente y novel liderazgo dejó en las sombras a otras estrellas del instrumento, y me refiero al Niño, a Papi Oviedo, a Maduro y otros.

Viniendo de algunos grupos que hacían música tradicional desde la visión de la Nueva Trova, no era yo un tresero como otros: era el profesor universitario entrenado en la investigación, y autodidacta en música que busca y selecciona las grabaciones de grupos principales para estudiar los géneros, desde los sextetos y septetos tradicionales, conjuntos donde pude apreciar a treseros como Arsenio, Chito Latamblet, Niño Rivera, y pianistas como Rubén, Lilí, Bebo Valdés, Peruchín, hasta los más recientes como Papo Lucca, Culebra Iriarte o Chucho Valdés; pero al mismo tiempo escuchaba a los jazzistas americanos.

Me propusieron hacer un curso de tres, que es el que sirve de base para el posterior libro *Acerca del tres, el son y el tumbao*. En la tarea de hacer el curso es que contacto con el Niño Rivera a mediados de los años ochenta, en su casa en La Víbora, pero tenía problemas personales y no me pudo atender. De ahí que fui directamente hacia su música, sin su ayuda, pero con la información didáctica del *jazz* incluyendo el curso de Armando Romeu, por lo que no me resultó difícil comprenderlo.

Casi al final de su vida nos encontramos varias veces en La Peña de Luis y Yoya en San Lázaro, porque yo vivía muy cerca y conversamos sobre la versión de «El Jamaiquino» y otros temas que yo había grabado con mi grupo Raison. En estas reuniones me percaté de que tenía seguidores en su forma de tocar y que todos estaban muy vinculados al repertorio del *feeling*.

Efectivamente él fue un punto de cambio en la evolución del tres y uno de los más importantes en la historia del instrumento. Ahora sabemos que junto a otros creó una manera de fusionar el *jazz* y el son. En realidad, los músicos lo conocían, lo respetaban, pero no fue profeta en su tierra. Era un instrumentista que se extendía más allá de lo cubano.

En mi carrera como tresero he tenido que grabar en muchas producciones discográficas y como nunca tuve a mi lado un maestro del tres, me propuse tres líneas fundamentales: estudiar cómo se tocaba los géneros y sus tipos patrones de ritmo y bajo; estudiar cómo tocan los principales treseros y estudiar a los pianistas.

Pongo un ejemplo: cuando tenía que grabar un disco como el Septeto Nacional, estudiaba al tresero y tocaba más o menos como el original, para no salirme de estilo, de la época, lo que llamamos concepto. Así ocurrió con mis grabaciones en la música de Arsenio o de Chappottín o del Niño. Lo que quiero decir es que aprendí a tocar de diversas formas sin dejar atraparme por un estilo específico. Tengo entonces muchas influencias y como es lógico Andrés Echevarría ocupa un lugar especial. Él aprendió de los pianistas y allí fui también a nutrirme. El piano de los pobres (como se le decía al tres) siempre estuvo presente en él. «Toca el tres como si fuera un piano», comentaban del Niño Rivera. Creo que este es el consejo que hubiera querido darme y no tuvo la oportunidad de hacerlo, pero de cualquier manera siempre lo llevo conmigo.

Raúl Rodríguez Quiñones

Sevilla, España, 1974. Guitarrista, productor, antropólogo. Sus búsquedas incesantes lo llevan a Cuba y otros países latinoamericanos y a asumir sonoridades e instrumentos que va sumando a su herencia flamenca. Al formar y liderar el grupo Son de la Frontera integra por primera vez el tres cubano en el peculiar estilo flamenco de Morón de la Frontera, en Andalucía.

Desde mi rincón de Andalucía, conocí el tres a través del ciclo de los Encuentros de Son Cubano y Flamenco organizados en la provincia de Sevilla en 1994 e impulsados por Santiago Auserón, Jesús Cosano, Bladimir Zamora, Danilo Orozco y otro grupo inquieto de amantes de las afinidades culturales entre las orillas cubanas, africanas y andaluzas, en lo que fue un evento iniciático para muchos jóvenes que empezábamos entonces a conocer la riqueza de la tradición creativa del son en la orilla ibérica y europea. Tras haber oído algunas grabaciones y haber sentido la llamada vivificante de aquella música, tuve la inmensa suerte de que el primer hombre al que vi tocando el tres en directo fuera el gran Faustino

Oramas, el Guayabero, lo que me provocó un profundo impacto cuyo tremendo asombro aún me dura. A partir de ahí comencé a elaborar el deseo de hacerme mi propio instrumento, hermanando las técnicas de construcción del tres cubano y la guitarra flamenca, hasta diseñar mi propio tres flamenco, desde el que trato de tender puentes y construir una música que nos ayude a acercar nuestras culturas aparentemente tan lejanas y en el fondo tan cercanas.

Mi otra gran suerte como principiante vino cuando, en otoño de 1997, mi madre (Martirio, que había sido invitada a cantar por Compay Segundo en el concierto especial por su noventa cumpleaños y a quien yo había pedido que estuviera atenta por si aparecía un tres que quisiera venirse conmigo a los pueblos del flamenco) me trajo mi primer tres de La Habana, conseguido por medio de nuestro querido Harold Williams y que finalmente llegó, envuelto en toallas como un tesoro vivo, junto a un paquetito misterioso con dos cintas de casete, que nuestra amada Marta Valdés había grabado durante la noche anterior y que consiguió darle a mi madre poco antes de partir, para que me las hiciera llegar. Marta y yo no nos conocíamos aún personalmente, pero, a través 171 de lo que mi mama le contó de mis inquietudes y ayudada por su impresionante intuición, me envió pura magia. En una cinta recopiló material variado de cuerdas americanas que consideraba que yo debía conocer, con multitud de maravillas, comenzando con la «Guajira a mi madre» de Ñico Rojas y acabando con los toques de Félix Casaverde a Chabuca Granda. En la otra cinta, ella, hablando con una paciencia y un amor indestructibles, me guiaba explicando el origen y naturaleza de cada una de las piezas. Ahí, entre esas grabaciones, estaban dos composiciones del gran Niño Rivera: «El Jamaiquino», que ya conocía a través del recopilatorio *Semillas del son* y, como un mensaje secreto, un son cuyo coro se convirtió en una llamada que vibró en mi pecho como una campana: «Niño, niño, toca tu tres montuno»...

Desde aquella grabación en que con sus palabras orientaba mi escucha, Marta se dirigió siempre a mí cariñosamente como «Niño»; de forma que, inconscientemente, aquel coro me decantó definitivamente hacia el otro lado del mar y mi gusto por el instrumento se transformó instantáneamente en una suerte de misión ineludible de búsqueda y aprendizaje constante. Aquel son terminó por convertirse en la llave que abriría la puerta hacia mi propio camino.

Lo primero que creo que hay que agradecerle a Niño Rivera es el haber hecho tanta música hermosa, producida desde el placer, elaborada con tanto saber y transmitida con tantísimo sabor. Es una suerte enorme para todos los treseros que él pusiera lo mejor de sí al servicio de la música y nos permitiera aprender gozando, convidándose a vivir. Desde mi visión y desde mi orilla flamenca pienso que, entre otras muchas virtudes, su labor cumplió una función muy necesaria: la de transportar el legado del tres de los inicios del son hacia el mundo contemporáneo, convirtiéndose en un eslabón imprescindible de comunicación entre una tradición de toque que hundía sus fundamentos en siglos anteriores y un mundo sonoro nuevo que estaba experimentando muy rápidamente muchas y muy profundas transformaciones, rítmicas, armónicas y estéticas. Él elaboró una forma contemporánea de entender el tres, consiguiendo que pudiera jugar con otros instrumentos que ya estaban electrificándose, haciendo que participase en conjuntos con lenguajes más complejos, ganando un terreno que quizá no estaba ganado para los treseros, pues los pianos habían copado el terreno de los tumbaos y había que saber decidir si había que competir o compartir. Mi impresión es que él supo colocar el tres del pasado en camino hacia el futuro y creo que eso es algo que todos los que llegamos después tendríamos que agradecerle siempre.

Mi acercamiento al tres comenzó cuando identifiqué códigos compartidos en el lenguaje entre la tradición de guitarra flamenca de Morón y la escuela del tres cubano, concretamente entre el toque y las falsetas de Diego del Gastor y los tumbaos y los solos del tres del Niño Rivera. Entendí que ambos instrumentos *decían*, que no se escondían, que cumplían una función ética particularmente afín: su forma de acompañar se convertía en la columna principal de cada uno de los géneros y, cuando les tocaba su solo o su falseta, *hablaban*, lo que los entronca con una tradición con-versadora de cuerdas que ya podríamos encontrar en el ud de Ziryab en Córdoba a principios del siglo IX. En cada orilla, cada toque ha tenido un desarrollo diferencial enriquecido por los contactos y los estilos de cada tierra y cada *tocaor*, pero ambas escuelas comparten un tronco comunicativo anterior que les convierte en sujetos propositivos en sus respectivos contextos, en máquinas sonoras que, a través de la creatividad, redefinen constantemente la realidad.

Superando las diferencias y arrimando las similitudes, hay muchos mecanismos y actitudes comunes entre ambos instrumentos que nos ayudan a entender afinidades como, por ejemplo, la posición de la mano derecha que, tanto en el toque *de barbero* del primer flamenco como en el tres cuando solea, se hace *metiendo la mano*, atacando con el pulgar de frente, perpendicular a la tapa y abajo en el puente, estirando hacia fuera el dedo meñique, como cuando Ziryab propuso la pluma de águila como plectro volador y alzaron el vuelo esas alzapúas electrificantes que compartimos en ambas orillas, que rompen el ritmo para volverlo a recomponer porque se sabe que lo que «se rompe, se compone».

También hay otro detalle característico compartido, más de ética poética que de orden estrictamente musical, en ambas tradiciones: las cuerdas creadoras son «cuerdas locas» que, a través de la cordura extrema que crea la encordadura, generan un estado colectivo de bendita locura. Cuando se solea, se entra en un trance cercano a la sinrazón, en ese momento en que se toca con el alma libre y los ojos cerrados, en el que gobierna la búsqueda y es la imaginación la que comanda los dedos, cuando uno deliberadamente pierde el control con el fin de intentar encontrar algo nuevo que no se haya dicho nunca, siendo valiente y arriesgándose desde el centro mismo de la máquina creadora y recreativa de cada música popular, con la misma actitud que tuvo Ziryab cuando le pidió permiso al Califa en Bagdad para improvisar y volar desde sus cuerdas y tocar «lo que nunca había oído nadie». Esa valentía es la que me enamora y esa es la rama fundamental que creo que compartimos.

Recuerdo con nitidez el momento en que llegaron aquellos casetes, con aquellos sones y las palabras de Marta, que se convirtieron en un pasaporte para hacer un viaje de ida y vuelta y «retroceder hacia el futuro». Ese instante en que el sonido del tres del Niño Rivera se convirtió en un descubrimiento que literalmente me cambió la vida, recordándome lo que aún desconocía y ayudándome a querer ponerle cordura a mi locura. Desde siempre, esa tradición re-creadora de las «cuerdas locas» es la que guía mi búsqueda, un camino que viene de lejos y al que pertenecen muchos, pero que a mí se me abrió de forma definitiva cuando, a través del sonido cantante y soneante del tres de Niño Rivera, Marta me dijo desde la otra orilla del mundo: «Niño, niño, toca tu tres montuno».

Enid Rosales

La Habana, Cuba, 1985. Tresera graduada del Instituto Superior de Arte de Cuba y también cantautora. Lidera su propio grupo musical, que lleva su nombre.

La primera vez que escuché hablar sobre el Niño Rivera fue cuando estudiaba el nivel medio de tres en el Conservatorio Amadeo Roldán. Tenía 16 años aproximadamente. Recuerdo que me pusieron en el programa de estudio una de sus obras más conocidas, «El Jamaiquino». Ahí comencé a interesarme por su obra y empecé a estudiar algunas transcripciones de su música hechas a partir de grabaciones antiguas.

El Niño Rivera fue uno de los treseros más importantes del siglo XX. Tengo entendido que fue de los primeros treseros en estudiar orquestación y armonía. Fue uno de los fundadores del *feeling*. Uno de sus aportes fundamentales en la armonía fue la creación de los acordes de cuatro notas en el tres, técnica que es muy efectiva para enriquecer los acordes, y algunos treseros posteriores la han seguido utilizando. Dejó también un método para estudiar el tres y algunas obras para el tres solo. Su manera de improvisar, de armonizar y su obra en general ha influido a los treseros de todos los tiempos. Considero que es una figura de estudio imprescindible para cualquier tresero.

Si me preguntaran si identifico alguna influencia de Niño Rivera en mi trabajo como músico, estaría ante una pregunta un poco difícil. Me encantaría decir que tengo influencias del Niño en mi obra, creo que algo debo tener y ojalá que así sea. Como tresera, he tenido que estudiar la obra de los grandes treseros del siglo XX como el Niño, Arsenio Rodríguez, Isaac Oviedo, entre otros; y esto es un ejercicio que me parece indispensable para cualquier músico cubano. Por tanto, considero que las influencias siempre están ahí, a la hora de hacer un son, o de acompañar un bolero; sobre todo cuando hago algún acorde de cuatro notas para enriquecer la armonía en algún pasaje de alguna obra determinada. Pienso que la definiría como necesaria y enriquecedora.

ANEXOS

ALGUNAS GRABACIONES DE OBRAS COMPUESTAS POR EL NIÑO RIVERA

P ara intentar completar el catálogo autoral de Andrés Echevarría Callava, Niño Rivera no basta con consultar las obras que
registró en las entidades de gestión de derechos de autor a las que
perteneció. De acuerdo con los créditos de muchos discos, el Niño
Rivera compuso muchos temas que no registró oficialmente en
estas entidades.

A continuación, se encontrarán las primeras grabaciones de
obras del Niño Rivera que se han podido identificar, así como
otras reediciones sucesivas en diferentes formatos. Es lógico comenzar este recuento parcial con la obra más representativa del
catálogo autoral del Niño Rivera: «El Jamaiquino», con un gran
número de sus sucesivas grabaciones por intérpretes cubanos y
de otros países. Le siguen las obras restantes, en orden alfabético
según título.

En la actualidad muchas de estas grabaciones pueden encon-
trarse en las diferentes plataformas de distribución digital de
música, tales como Spotify, Youtube, Itunes, Deezer, Amazon
Music, Napster y otros. Para esta compilación se han utilizado,
además, los recursos de las siguientes fuentes: Colección Gladys
Palmera (España), Díaz Ayala Collection en Florida International University (Estados Unidos), revista *Billboard* (Estados Unidos), Archivo Areíto/Egrem (Cuba), colecciones de Rigoberto Ferrer Corral y Rafael Valdivia Nicolau (Cuba), el sitio web
http://www.discogs.com y los sitios oficiales de las entidades de
gestión de derechos de autor SGAE (España), BMI (Estados Unidos) y Sacem (Francia).

«El Jamaiquino» (mambo-chachachá)

7" 78 rpm

↠ **Pepe Reyes y su Combo Antillano** (director: Ángel Romay. Cantan Jabao y Benny). OFC-317. Grabado en la década de los cincuenta.

↠ **Tito Rodríguez y su Orquesta del Palladium de Nueva York** *La Casa del Mambo*. RCA Victor 23-6402. 28 diciembre de 1953. Incluido en LP *Tito Rodríguez and The Mambo* (RCA Victor LPM-1080).

Publicado en Estados Unidos en 1955, fue reeditado en 1978 bajo el sello Arcano con referencia DKL1-3431.

Incluido en Italia en 1955 como Un poquito de mambo. Tito Rodríguez y su orquesta. RCA Italiana-A 10 V-0014.

Incluido en LP The Best of Tito Rodríguez, RCA Victor LPM-3329 (Estados Unidos y Canadá, 1965).

Reeditado en 1973 por RCA Victor en LP Me lo dijo Adela. RCA Camden-ACL1-0196(e), RCA Camden-CL1-0196 (Estados Unidos). También por RCA en Venezuela en 1979 bajo referencia LPVS-1797. También en PRLA-05 y en 1990 por Globo 98241-RL.

Reeditado en Francia en los años setenta por RCA International-01018 como Tito Rodríguez Batiri Cha Cha.

Incluido en compilación CD Afrocubano... Con sabor (A Taste Of Afro Cuban Music), BMG U.S. Latin-4321-23871-2, RCA Victor-74321-23871-2 (Estados Unidos, 1994).

Incluido por RCA Camdem con referencia 102-23110 en LP 15 inolvidables al estilo de Tito Rodríguez y su orquesta, publicado en Venezuela en 1987.

➤ **Machito & his AfroCubans.** Seeco 4152 (Estados Unidos). Grabado el 30 junio de 1954.

➤ **Francisco Fellove con el Conjunto Batamba.** RCA Victor V 23-7130 M (México, 24 octubre de 1956).

7"

➤ **Machito & his Afrocubans.** Seeco (producido en Francia por sello Vogue). 45-110 (Francia). El crédito autoral aparece como Rivera.

➤ **Tito Puente & his Orchestra.** Tico Records LP-130 (7") «Cha cha chá». A-2 «The Man from Jamaica» («El Jamaiquino»).

45 rpm

➤ **Tito Puente.** Tico Records 45-231. A- «The Man from Jamaica» («El Jamaiquino»).

➤ **Arcaño y sus Maravillas con Cuarteto Musicabana.** Panart P-1575 (Cuba, ca. 1953-1954). Incluido en CD *Arcaño y sus Maravillas* CD-0918 (Cuba), 2008; CD *Arcaño y sus Maravillas. Sonora Cubana*-850904-2, *Yerba Buena* 850904-2. *Colección Big Band Orquestas* (Europa, 2000).

➤ **El Gran Fellove y Conjunto Batamba.** RCA Victor 23-7130. Grabado en México. Publicado en Estados Unidos, 1956.

➤ **La Playa Sextet.** United Artists (2)-EP 36053 (Francia) (196?). Incluido en CD *La Playa Sextet. Mambos and Cha cha cha.* Calle Mayor-IL0675 (España, 2017).

➤ **Los Hermanos Bravo.** Areíto-EPA-1061 (extended play) (196?).

LP 33 rpm

➤ **Machito & his AfroCubans.** Seeco SCLP 9054. *LP Let's Dance The Cha-Cha-Cha,* compilación (Estados Unidos, 1955). La versión aquí incluida es diferente a la grabada por Machito en 1954 y fijada por Seeco en la referencia 4152 en formato de 78 rpm. Es esta una versión más acabada.

➤ **Machito and his AfroCuban Orchestra.** Seeco SCLP 9075. LP *Machito and his AfroCuban Orchestra Play Cha Cha Cha and Mambo* (Estados Unidos, 1956).

Publicado por sello Bronjo como LP-BR 9075 This is Machito and his AfroCubans y con este título en formato.

Incluido en LP Fiesta de bailables. Orquestas de César Concepción, Machito, Noro Morales y otros. Tropical (3)-TRLP 5039 (Estados Unidos, años cincuenta).

Incluido en LP Everybody Cha-Cha's. Seeco CELP 441 Serie Celebrities (195?).

Seeco-SCLP 9069 LP Latin Dance Party (Estados Unidos, 1960).

CD Tito Puente meets Machito. Charly Records-CDHOT 612 (Alemania, 1996).

Tito Puente & Machito: Kings of Mambo. Red Hot AfroCuban Rhythms. Castle Pie-CD PIESD 190 (Reino Unido, 2000).

Reeditado en Reino Unido por Metrodome como versión en Tito Puente. Latin Abstract, METRO325.

Incluido en Not Now Music-NOT2CD361 CD Café Cuba, publicado en Reino Unido en 2010.

CD *Classic Salsa. My Kind of Music.* USMMKDCD53 (Europa, 2016).

→ **José Fajardo & Cuban All Stars.** CD *Corazón de Melón* (Estados Unidos, 2018).

→ **Chico O'farril.** Panart LP-3013 *Chico's Cha Cha Cha (Cuba)*, 1956. Publicado también con iguales referencias como *Chico O'Farrill Plays Cha Cha Cha.* Grabación realizada en Cuba en 1956.

Reeditado en 1957 por el sello La Voce del Padrone, en Italia, con referencia QFLP 4028 como Chico's Cha Cha Cha en LP de 10", mono.

A inicios de los sesenta es reeditado por Panart en Estados Unidos bajo el mismo nombre y también como Cuban Jazz King.

En España se reedita en 1988 como Chico's Cha Cha Cha por Palladium Latin Jazz & Dance Records bajo referencia PLP-103.

La versión de Chico O'Farrill de «El Jamaiquino» se incluyó en el LP Ritmo candente publicado por Orfeón en México bajo referencias Orfeón LP-12-9 y Orfeon-LMC-1092, bajo licencia de Panart.

Egrem la replicó en 1995 en el CD 0116 con estas grabaciones de Chico O'Farrill.

Incluida en la compilación Latinos en Nueva York. Montisa-CDM-3404 (publicada en Estados Unidos, 2003).

→ **Conjunto Tropical Tabú de Fernando Estrada.** Tizoc-T M 1000. LP *Gozando el tumbaíto* (México).

→ **Los Hermanos Bravo.** RCA Victor-LPD-558 LP *Hasta Santiago a pie* (Cuba, 195?). Incluido en CD *Los Hermanos Bravo. Calle Mayor*-PC0140. Serie Perlas Cubanas-40. (España, 2017).

→ **Los Pao.** Discos Musart, S.A.-D 752 LP *Los Pao* (México, 195?).

→ **The la Playa Sextet & Orchestra.** United Artists Records-UAL 3357-LP *The Exciting New La Playa Sound* (Estados Unidos, 1964).

↠ **Vitín Avilés.** Musicor Records-LP-MM2075 *En la playa* (Estados Unidos, 1966).

Se reedita en Estados Unidos por Artol Records y referencia ACS3075. Publicado en Venezuela bajo licencia Musicor con idéntica referencia.

En 2000 se reedita en Estados Unidos en formato CD por West Side Latino Records y referencia WSCD-4255.

La versión de Vitín Avilés se incluye en la compilación Éxitos de siempre (de Cuba a San Juan), publicada en Francia en 1979 por el sello Occidente y referencia LP-104. Aquí el crédito autoral se adjudica a Vitín Avilés. También en la compilación en CD Salsa in San Juan. Syllart Productions-000476, publicada en Francia en 2009.

↠ **Latin Pete Terrace.** Colpix Records-SCP-432 *Latin Oldies but Goodies* (Estados Unidos, 1962). Reeditado en Canadá con referencia CP-432, Colombia bajo licencia Colpix y también en México con referencia TM-3008.

↠ **Pedro Jústiz, Peruchín.** Areíto LD-3542, LP *Piano y ritmo* (Cuba, 196?). Incluido en CD *La descarga. Nuevos Medios*-65 611 CD (España).

↠ **The Brothers Castro** (Los Hermanos Castro). Capitol Records-ST 2015, LP Recorded *Live at Harrah's Tahoe* (Estados Unidos, 1966). La obra de Niño Rivera aparece como «El Jamaiquiño». Se obvia el nombre de los autores de todos los temas.

↠ **El Gran Fellove.** RCA Victor-LP MKL 1178 *El Gran Fellove* (México, 1956-1957).

Incluido en CD The Very Best of Cha Cha Cha, vol. 1, compilación. BMG U.S. Latin-74321-38037-2, RCA-74321-38037-2. Tropical Serie. (Estados Unidos, 1996).

Reeditado por Vampisoul-VAMPI-119 «Mango mangüé» y también VAMPI-140 «La onda vampi» (compilación en dos discos de vinilo), en 2011.

➤ Niño Rivera y su Conjunto. Areíto Egrem-LP-3892 (Cuba, 1981).

➤ Publicado en Venezuela bajo licencia Egrem por Integra LPEG-13083 y por Egrem en 1995, en formato CD-0106.

➤ **The New Swing Sextet.** Cotique C-1050 (Estados Unidos) «Revolucionando» (1970). Reeditado por Cotique Records Corp. en 1998 en formato CD con referencia C-1050. El nombre de Niño Rivera en el crédito de autor aparece ausente. En su lugar, se consigna «rights reserved».

➤ **Orquesta El Sabor Nacho.** Horóscopo Records SGH-020 *Orquesta El Sabor de Nacho,* vol. 4 (Puerto Rico, 1973).

➤ **Típica 73** (Cantando Adalberto Santiago). Inca Records SLP-1043 La Candela (Estados Unidos, 1975). Reeditado por Fania Records en Estados Unidos y México con idéntica referencia SLP-1043; por Inca Records en Venezuela bajo referencia LPS 88440, todos en 1975; Discomoda (Colombia) DCMS-32003 en 1976. Desde la fijación inicial de Inca Records el crédito de autor se le adjudica erróneamente a Francisco Fellove.

➤ **Orlando López, Mazacote.** C&L Record LP SCL 10011 *15th Aniversario de Mazacote & su Orquesta* en el Hotel Airport Park (Estados Unidos, 196?). Producido por Orlando López.

➤ **Luisito Seda y la Orquesta Mazacote.** OLM Records-10017 *Orlando López, Mazacote presenta la voz antillana de Luisito Seda* (Estados Unidos, 197?).

➤ **Walfredo Reyes and his Band.** Gema LP-1159 LP *Try the Latin Twist* (Estados Unidos, 1962). «El Jamaiquino» aparece como «Jamaican Boy».

➤ **Lino Borges.** Duher LP-1619 *Aquel sabor a Cuba.* Grabado en Estudios Radio Progreso en 1958-1959. Reeditado en 1994 en CD Bongó-005.

⤳ **Fellove y Conjunto Habana.** Areíto/Egrem LP-3803 dirigido por Tony Taño con arreglos del propio Taño y de Niño Rivera (1979).

Reeditado en Venezuela en 1979 por sello Integra LP EG-13.025 y en México por Discos Gas bajo referencia LP ING 1285 en el mismo año.

Incluida esta versión en LP Carnaval de La Habana Areito LP PRD-068 (Cuba, 198?).

⤳ **Conjunto Rumbavana.** LP Kristal 1165. «Yo no quiero bailar». Incluido en compilación LP *Aquel sabor de Cuba*, Duher Productions-DHS-1619 (Cuba, 195?).

⤳ **Jesús Caunedo, Joe Fino y Walter Rodríguez.** LP Gema Records-G-5086 *La Charanga Callejera* (Puerto Rico, 1985). Orquesta charanga dirigida por el multinstrumentista cubano Jesús Caunedo. Reeditado en Venezuela con la misma referencia.

186

⤳ **Lino Borges.** Duher LP-1619 *Aquel sabor a Cuba*. Grabado en Estudios Radio Progreso en 1958-1959. Reeditado en 1994 en CD Bongó-005.

⤳ **Sexteto Raison.** Egrem LD-4742 *Qué manera de quererte*. «El Jamaiquino» forma aquí parte del medley «Soneando» («Mis razones» / «El Jamaiquino» / «Canallón» / «Qué bueno baila usted»). Reeditado en Colombia en 1991 por Fonocaribe-ARS 17.0057.

⤳ **Niño Rivera y su Conjunto,** Cantando Miguelito Cuní. Areíto/Egrem LD-3892-B Niño Rivera. Incluido en compilación *Grandes orquestas cubanas de los años 50*, CD-0036 (Cuba, 2000). También en CD *Los conjuntos cubanos más sobresalientes*-Desarrollos Artísticos-CD-INT-577, IM Discos & Cassettes-CD-INT-577 (México, 2004).

⤳ **Héctor Aponte y Orquesta Harlem Riverside.** Doug Beavers Productions, CD *Tres generaciones de nuestra música* (Estados Unidos, 2013). En Spotify.

CD

→ **Poncho Sánchez.** Concord Picante CCD-4519 *El mejor* (Estados Unidos, 1992). En realidad, aunque aparece como «El Jamaiquino», se trata de la obra «Jamaicuba» registrada por Esther Cruz. En este disco se consigna a «Álvarez» como autor de la obra. Reeditado el mismo año bajo licencia Concord Picante por Bellaphon (Europa).

→ **Gema 4.** PICAP CD *Te voy a dar* (Barcelona, 1996).

→ **Larry Harlow.** Jerry Masucci Music, Inc.-CDZ 82449 *Larry Harlow's Latin Legends Band 1998.* Adalberto Santiago canta aquí «El Jamaiquino» acompañado por una orquesta all-stars, dirigida por Harlow.

→ **Rumba Calzada.** *Self-production* (autoproducción) RGCD2000 CD *Generations* (Canadá, 1997). El crédito de autoría de «El Jamaiquino» aparece como Echevarría/Rivera.

→ **Los Jubilados.** Siboney Egrem CD-0993 Pura tradición (Cuba, 2008).

→ **Pancho Amat y el Cabildo del son.** Egrem CD-0772 *Llegó el tresero* (Cuba, 2006).

→ **Raúl Gutiérrez & Irazú con Joseíto González y Raúl Planas.** Caribe Productions LP *El calor de la noche* (Cuba, 1999).

→ **Chuchito Valdés.** CD *La Timba* (Estados Unidos, 2002).

→ **Conjunto Caney.** Grabado en Estudios Areíto/Egrem, pero no publicado.

→ **Alexander Abreu, Alain Pérez, Mayito Rivera.** Egrem, CD *A romper el coco* (Cuba, 2019) Canta Alexander Abreu Manresa.

Compilaciones

• *El son* (I). Serie: *Toda la música de Cuba-1* (bajo licencia Egrem). Club Internacional del Libro-2001580 (España, 2000).

- *Semilla del son* (compilación de Santiago Auserón). Animal Tour 9A PD 75265, BMG Ariola España-9A PD 75265 (España, 1998 y 1991).

- *El gran tesoro de la música cubana*, vol. 2. Egrem-COL-0009 (Cuba, 2004).

«Afrokán del turista» (afrokán)

- Niño Rivera y su Orquesta. Gema 45 rpm G-1033-B.

«Amor en festival» (bolero)

- Elena Burke y Orquesta Egrem. Dirigida por Adolfo Pichardo. Areíto/Egrem LD-3869 Elena Burke. *De lo que te has perdido* (Cuba). Reeditado en España por Fonomusic bajo licencia Egrem con el título *Desde Cuba con ritmo* y referencia 84.2035/1.

- Niño Rivera y su Conjunto (cantando Miguelito Cuní. Areíto/ Egrem LD-3892 *Niño Rivera*.

- Los Papines. Areíto/Egrem LD-4426-B *Somos del Caribe*. Reeditado en CD *Papines en descarga*, Orfeon CDL-16181.

«Así bailo yo» (cubayá)

- Orquesta Egrem. Dirigida por Niño Rivera. Areíto/Egrem 45-2471 45 rpm.

- Orquesta Típica Loyola. Inédito. Grabado en Estudios Areíto, Egrem.

«Átomo» (son) (en coautoría con Luis Yáñez)

- Conjunto Casino. Voces de Roberto Faz y Conjunto Loquibambia. Panart 78 rpm P -1237 (1950).

• Jesús Valdés (Chucho Valdés) y su Combo. Areíto/Cubartimpex LPA-1010. *Jazz nocturno* (1966). Reeditado en CD en 2007 en Andorra como *Chucho Valdés & his Combo–The Complete 1964 Sessions*. Malanga Music-MM 801.

• Niño Rivera y su Conjunto Cantando Miguelito Cuní. Areíto/Egrem LD-3892 *Niño Rivera*.

«Azúcar con ají» (guaracha)

• Niño Rivera y su Conjunto (cantando Miguelito Cuní). Areíto/Egrem LD-3892.

• Las Estrellas de Areíto. Integra (Venezuela), LD-EG 13.119 *Las Estrellas de Areíto de Cuba* (1981). Reeditado en CD recopilatorio doble *Suena el piano*, Rubén, Egrem-CD-0981-1.

• Zaperoko (con Edwin Feliciano como director). Montuno Records MLP-519 LP *Cosa de locos* (1986).

«Boy cha cha chá» (cha cha chá)

• Roberto Puentes y su Orquesta. Fama LP *Guapachá*, LPG-112.

«Canción en cha cha chá» («Melody in cha cha cha»)

• Pepe Luiz et son Orchestre avec Pacolo (en co-autoría con Louis Delacour). Ducretet Thomson-450 V 358 (Francia, 1961). Incluido también en Ducretet Thomson-305 V 021 LP *Pour Danser... Sous Le Signe Des Poissons* (Francia, 1961).

«Carnaval de amor» (bolero)

• Reynaldo Henríquez (grabación inédita). Estudios Areíto, Egrem.

- Ela Calvo (grabación inédita). Estudios Areíto, Egrem.

«Cha a lo schottis» (cha cha chá)

- Roberto Puentes y su Orquesta. Fama LP *Guapachá*, LPG-112.

«Cha cha chá montuno» (son montuno)

- Niño Rivera & his Cuban All Stars. Panart LP 3090. *Cuban Jam Session*. Under the direction of Niño Rivera. Volumen 3. Grabado en Estudios Panart, La Habana, entre 1956 y 1960. Nunca fue publicado en Cuba, sino que, al emigrar Ramón Sabat, dueño de Panart, y recomponer su empresa en Estados Unidos, el disco fue editado en Nueva York, entre 1960 y 1962.

Reeditado en Panart LP-3134 por Panart International Inc. en Miami (Estados Unidos, 197?).

Publicado en Venezuela bajo licencia Panart 1 y referencia 02-28044 (1988).

Reeditado en formato CD por Craft Recordings (Concord Music Group), CR0010 (Los Angeles, 2018).

«Cherivon» («Cheribon») (mambo)

- Niño Rivera y su Conjband. Panart LD-3106 *Niño Rivera y su ConjBand*.

«Con mi lindo cha cha chá» (cha cha chá)

- Roberto Puentes y su Orquesta. Fama LP *Guapachá*, LPG-112.

«Cubibop» (mambo)

• Niño Rivera y su Conjunto. Victor V23-1433. 78 rpm. Grabado el 31 de octubre de 1949.

«De mí para ti» (mambo)

• Pepe Reyes y Conjunto Niño Rivera. Seeco Se-7188 78 rpm. Grabado en Cuba, el 5 de marzo de 1952.

• Orquesta Riverside de Pedro Vila (cantando Tito Gómez). Seeco Se-7245-B 45 rpm. Grabado en Cuba, el 21 de agosto de 1952.

«Eres mi felicidad» (bolero)

• Pepe Reyes. Ferrer Records. LP EF-650 *Sentimiento cubano* (*Cuban Feeling*). Grabado en La Habana, ca. 1957-1958.

• Niño Rivera y su Conjband. Panart Nacionalizada LD-3106 (1959).

• Moraima Secada. Areíto/Egrem LP-3881 Moraima Secada. La Mora. Con la Orquesta Egrem dirigida por Adolfo Pichardo.

• Ela Calvo y Orquesta de Jazz (dirigida por Andrés Echevarría, Niño Rivera. Areíto/Egrem LD-3182 LP *Ela Calvo. Calle Mayor*, Colección Perlas Cubanas-217 CD PC0776 (España, 2017).

«Fiesta de amor» (instrumental)

• Orquesta Egrem. Grabado cerca de 1965. *The Real Cuban Music*. Instrumentales y solos (edición digital por Egrem y Sony Music Spain). En Spotify.

«Fiesta en el cielo» (bolero)

• Conjunto Estrellas de Chocolate (cantando Filiberto Hernández Fuentes). Puchito 541 45 rpm.

• Niño Rivera y su Conjband (cantando Gilberto Valladares). Panart LD-3106.

• Rolando Baró y su Danzonera. Areíto/Egrem LD-4394-A (La Habana, 1987).

• Estrellas de Chocolate (cantando Filiberto, Lahera y Valmaseda). Puchito LP-562 *Fiesta cubana* (1960). Panart Nacionalizada LD-3107 *Praga, Cuba te saluda!* Vol. II. CD *Antilla Guaguancó a todos los barrios.*

• Tata Ramos y Orquesta Ernesto Duarte. LP *Ojos verdes.* Grabaciones Duarte LP-1612. Grabado en los estudios de Radio Progreso, en La Habana, en marzo de 1959.

Reeditada por el sello de Ernesto Duarte en España, Duher Productions-LP DHS-1612 *Tata Ramos.*

También por Kubaney-LP *Te quemas* LP- MT-225 (Estados Unidos).

Remezclado en los estudios RCA en Madrid, España, en 1974, y publicado en CD por *Calle Mayor-Colección Perlas Cubanas*-045 CD PC0145 (España, 2017)

• Pete el Conde Rodríguez (Puerto Rico). Fania Records-XSLP 00459, Fania Records-SLP 00459 LP *Pete Rodríguez. El Conde* (Estados Unidos, 1974). Reeditado por Fania Records en CD en *Pete "El Conde" Rodríguez. La Herencia.* Con arreglos de Bobby Valentín, producido por Jerry Masucci y grabado por el Ing. Jon Fausty, el disco omite en sus créditos el nombre de su autor, indicando las clásicas e inútiles letras: D.R.

• Orquesta Willard (director Willy Pastrana, canta Mike Guacenti) (Puerto Rico). Parnaso-P-LPS *1100 Orquesta Willard* (Estados Unidos, 1972).

Reeditado por Discophon-SC 2207 LP *Sabor de Puerto Rico* (España, 1974).

Reeditado en los CD recopilatorios de la Orquesta Willard: *El borracho, Latin Harmonica y El quinto.*

• Orquesta Hermanos Fernández. ARC LP-110 *Navegando en... alto!* (Puerto Rico, 1970). Reeditado en 1978.

«Guaguancó comparsa» (descarga)

• Niño Rivera & his Cuban All Stars. Panart LP 3090 *Cuban Jam Session.* Under the direction of Niño Rivera. Volumen 3. Grabado en Estudios Panart, La Habana, entre 1956 y 1960. Nunca fue publicado en Cuba, sino que, al emigrar Ramón Sabat, dueño de Panart, y recomponer su empresa en Estados Unidos, el disco es editado en Nueva York, entre 1960 y 1962.

Reeditado en Panart LP-3134 por Panart International Inc. en Miami (Estados Unidos, 197?).

Publicado en Venezuela bajo licencia Panart 1 y referencia 02-28044 (1988).

Reeditado en formato CD por Craft Recordings (Concord Music Group) CR0010 (Los Angeles, 2018).

«Guapachá» («El Guapachá», «Hey Guapachá»)

• Mongo Santamaría. Fantasy LP-8045 *Our Man in Havana.* Grabado en La Habana en 1960. Publicado en Los Angeles, 196?

«Jamaicuba» (montuno cha cha chá)

• Roberto Faz y su Orquesta. LP *Saludos a Roberto Faz.* Seeco-SCLP-9198 (1960). Reeditado en 1988 LP por Palladium Latin Jazz & Dance Records. PCD-134 y en 1989 en formato CD con idéntica referencia.

- Rolando Aguiló y su Conjunto (canta Amado Borcelá, Guapachá. Maype LP-US-183 *Cuban Jam Sessions. Descargas cubanas.* Vol. I (ca. 1960).

- Mongo Santamaría. Fantasy LP-8045 *Our Man in Havana.* Grabado en La Habana en 1960. Publicado en Los Angeles, 196? También varias reediciones en LP y en CD.

- Machito y sus Afro-Cubans. LP *Machito & His Famous Orchestra.* Featuring Graciella-World's Greatest Latin Band GNP Crescendo GNP-72 (1962). Reeditado en CD *Machito en vivo at the Crescendo.* GNP Crescendo-GNPD 58.

- Benny Velarde & Orchestra. Fantasy LP-3343 *Ay qué rico* (*Very Tasty*).

- Los Rítmicos del Caribe. LP *Jamaicuba.* Ariston-AR/LP 11016 (Italia, 1970).

- Juan de Marcos's AfroCuban All Stars. World Circuit-WCD 058 y Corason-COE 149, CD Distinto, diferente. Aparece como *Tributo al Niño Rivera*, con arreglos de Demetrio Muñiz; Juan de Marcos González en el tres; Orlando Valle, Maraca en la flauta; Ignacio *Masacote* Carrillo, en la voz.

«Janeando» (mambo)

- Benny Moré. En vivo. Grabación realizada en Radio Progreso en la década de los cincuenta y publicada por RTV Comercial del Instituto Cubano de Radio y Televisión (ICRT) en CD sin referencia en Cuba (1998).

«Jóvenes y viejos» (montuno)

- Fellove y Conjunto Habana. Areíto/Egrem LD-3803 dirigido por Tony Taño con arreglos del propio Taño y de Niño Rivera (1979).

«Juan José» (son montuno)

• Arcaño y sus Maravillas y cuarteto Musicabana(voz Francisco Fellove). Panart 1634 78 rpm. Grabado en 1954. Reeditado por Egrem CD-0918 *D'Cuba. Agrupaciones bailables* (compilación).

• Niño Rivera y su Conjunto. Areíto/Egrem LD-3892 *Niño Rivera y Miguelito Cuní.*

• Mongo Santamaría. Columbia CS 9570 LP *Mongo Santamaria Explodes at The Village Gate.*

Grabado y publicado en Estados Unidos, en 1967.

Editado también en disco de 45rpm con fines promocionales. Columbia-4-44397.

Reeditado en CD Mucho mambo Mongo-Recall SMDCD-264 (Reino Unido).

«Keenke»

• Orquesta Egrem (dirigida por Niño Rivera). Areíto/Egrem 45-2471 45 rpm.

«Los caminantes» (son montuno)

• Estrellas de Chocolate (Filiberto, Lahera y Valmaseda). Puchito LP-562 *Fiesta cubana* (1960). Reeditado como SP-119 y LP Adria 15. CD *Antilla Guaguancó a todos los barrios.*

• Conjunto Sensación. Maseda Records-LP 502 *Los campeones (The Champs)* (director: Rey Roig). Grabado y publicado en Estados Unidos, 1966.

«Machinambe» (son montuno)

• Sonora Nacional de Pao Dorvigny. Panart 45 rpm 45-1973-B.

«Melody in cha cha»

• José Curbelo. LP *Wine, Women and Cha Cha*. Sello Fiesta FLP-1219. Grabado y publicado en Estados Unidos en 1957.

«Mi realidad eres tú» (bolero)

• Moraima Secada. Panart 45-2344. LP Moraima Egrem LP-3232.

«Monte adentro» («En monte adentro») (son montuno)

• Niño Rivera y su Conjband. Panart LD-3106 LP *Niño Rivera y su ConjBand* (cantan Gil Valladares y Frank García).

«Montuno alegre» (son montuno)

• Niño Rivera y su Conjband (cantando Gilberto Valladares). Panart LD-3106. Reeditado en Panart LP-3134 Salsa...! *Here's Where It All Began. La salsa vino de Cuba!,* por Panart International Inc. en Miami (Estados Unidos, 197?). También en CD *Sonora cubana-Sonora cubana-*8509862.

«Montuno guajiro» (montuno)

• Niño Rivera & his Cuban All Stars. Panart LP 3090 *Cuban Jam Session*. Under the direction of Niño Rivera. Volumen 3. Grabado en Estudios Panart, La Habana, entre 1956 y 1960. Nunca fue publicado en Cuba, sino que, al emigrar Ramón Sabat, dueño de Panart, y recomponer su empresa en Estados Unidos, el disco es editado en Nueva York, entre 1960 y 1962.

Reeditado en Panart LP-3134 por Panart International Inc. en Miami (Estados Unidos, 197?).

Publicado en Venezuela bajo licencia Panart 1 y referencia 02-28044 (1988).

Reeditado en formato CD por Craft Recordings (Concord Music Group), CR0010 (Los Angeles, 2018).

«Montuno swing» (montuno descarga)

• Niño Rivera & his Cuban All Stars. Panart LP 3090 *Cuban Jam Session*. Under the direction of Niño Rivera. Volumen 3. Grabado en Estudios Panart, La Habana, entre 1956 y 1960. Nunca fue publicado en Cuba, sino que, al emigrar Ramón Sabat, dueño de Panart, y recomponer su empresa en Estados Unidos, el disco es editado en Nueva York, entre 1960 y 1962.

Reeditado en Panart LP-3134 por Panart International Inc. en Miami (Estados Unidos, 197?).

Publicado en Venezuela bajo licencia Panart 1 y referencia 02-28044 (1988).

Reeditado en formato CD por Craft Recordings (Concord Music Group), CR0010 (Los Angeles, 2018).

«Música de enamorados» (ritmo afrokán)

• Niño Rivera y su Orquesta. Gema B-1033 45 rpm. Grabada cerca de 1958.

«No me hagas culpable» (bolero)

• Fernando Álvarez. Gema LP-1129 Volver (1960).

«No me humillo»

• Niño Rivera y su Conjunto. Gramex 1956 45 rpm.

«No quiero líos» (son)

• Dúo Los Compadres. Seeco 45-7988. Publicado en Nueva York, Estados Unidos. Seeco 9351. Publicado en Perú, 1965.

«No sé lo que tienes» (mambo rivera)

• Conjunto [Niño] Rivera y Cuarteto. Lina -010 78 pm. Grabado en Cuba.

«Oye mi tres montuno» (son montuno-descarga)

• Cachao y su Combo. Panart LP-2092 LP Descargas cubanas.

• Niño Rivera & his Cuban All Stars. Reeditado en Panart LP-3134 *Salsa...! Here's Where It All Began. La salsa vino de Cuba!*, por Panart International Inc. en Miami (Estados Unidos, 197?).

• Cachao y su Ritmo Caliente. Peruchín Jr. (inédito, en archivo Egrem).

«Ritmo de juventud» (mambo)

• Conjunto [Niño] Rivera. Lina- 010. 78 rpm. Grabado en Cuba y publicado en Nueva York probablemente en 1949.

«Rock cha mambo» (mambo-cha)

• Leonel Bravet. Areíto/Egrem LD-3241. Grabado en 1964-1965.

«Sabroso cha cha chá» (cha cha chá)

• Julio Gutiérrez and his National TV Orchestra con Cuarteto Carlos Faxas (Coautoría con Nestor Milí Bustillo). Panart 45 rpm 45-21287. Grabado en Cuba. En los datos contenidos en el disco se indica como autor únicamente a Milí Bustillo.

«Sigue ella boba» (son montuno)

• Estrellas de Chocolate (cantan Filiberto, Lahera y Valmaseda). Puchito LP-562 *Fiesta cubana* (1960). Reeditado como SP-119 y LP Adria 15. También en CD *Antilla Guaguancó a todos los barrios*.

«Tu fracaso y el mío» (bolero)

• Niño Rivera y su Conjunto. Panart LD-3106 LP *Niño Rivera y su ConjBand*.

• Hermanos Bermúdez con Conjunto de José Dolores Quiñones. Grabaciones DuArte LPD-1611. Reeditado en España como Duher LP-1616. Grabación realizada en el Estudio de Radio Progreso, en marzo de 1959, en La Habana.

«Tú y mi música» (canción)

• Elena Burke. Areíto/Egrem LD-3202 LP Elena Burke. Areíto/Egrem LD-4861/4862 LP *En persona*.

• Fernando Álvarez. Gema LP *Elena Burke y Fernando Álvarez*. Reeditado por sello Calle Mayor (España), Colección Perlas Cubanas (156), en CD PC-0571.

• W. Gelabert y Orquesta. Areíto Egrem-LDA-1004 *Solos de instrumentos* (solos de saxofón y clarinete) (1964).

• Frank Emilio Flynn. Areíto/Egrem LD-3473-A. Publicado también como LP *Frank Emilio. Cuba 75*, Movieplay-S-21.668 (España, 1975).

«U'lee»

• Conjunto Casino. Panart LP-2006 *Let's Dance with The Casino Sextet*. Panart LP-3020 *Dance Music of Cuba*, Vol. I (Música bailable cubana, vol. 1).

Reeditado por Panart Recording Corp.

En Miami, FL bajo el título *Ritmos cubanos para bailar*. For Dancing, con idéntica referencia, pero diferente arte en cubierta y contracubierta.

Según la monografía de Jorge Berroa, redactada en abril de 1989, el Niño Rivera habría compuesto otras obras que, de acuerdo a esta investigación, no han sido grabadas, ni tampoco registradas en entidades de derechos de autor. Berroa cita los años en que, presumiblemente, fueron compuestas: «Canta y baila» (1958), «Serás mi sombra» (1963), «Hay fiesta en el cosmos» (1965), «Las gracias te doy» (1973) y «Tienes tu canción» (1982).

El Niño Rivera. Algunas grabaciones como intérprete principal, tresero, arreglista y director

Resulta imposible abarcar la totalidad de las grabaciones realizadas por Niño Rivera en sus diferentes roles. Probablemente nunca pueda llegar a hacerse de manera integral, por la ausencia de documentación o de acceso a ella en lo referido a determinados períodos de su vida, como lo es su etapa como arreglista en México. Aun así, el contenido de este anexo contribuye a tener una idea más certera del alcance de la ejecutoria de Niño Rivera, más allá de su condición de compositor.

Para esta compilación se han utilizado los recursos de las siguientes fuentes: Colección Gladys Palmera (España), Díaz Ayala Collection en Florida International University (Estados Unidos), revista Billboard (Estados Unidos), Archivo Areíto/Egrem (Cuba), colecciones de Rigoberto Ferrer Corral y Rafael Valdivia Nicolau (Cuba), el sitio web http://www.discogs.com y los sitios oficiales de las entidades de gestión de derechos de autor SGAE (España), BMI (Estados Unidos) y SACEM (Francia).

Los datos se han ordenado por tipos de formato sonoro de la primera grabación o registro, y en orden cronológico, atendiendo a la fecha de grabación y/o publicación, indicándose el (los) rol(es) de Niño Rivera en cada caso.

En discos de 78 rpm

⮑ **Conjunto Rivera y su Cuarteto**
Lina L-010. Grabado en Cuba, 1949-1950.
A «No sé lo que tienes» («What You Got?») (mambo, Niño Rivera)
B «Ritmo de juventud» («Step Lively») (mambo, Niño Rivera)
Niño Rivera: intérprete principal, tres, dirección y arreglos.

Lina L-01503 (dos temas por cada cara). 1949-1950.
A «Hotchio» (mambo)
  «Lejano amor» (bolero)

Niño Rivera: intérprete principal, tres, dirección y arreglos.

∿ Niño Rivera y Conjunto
Victor 23-1433. Grabado en Cuba, 31 de octubre de 1949.
A «Por mi ceguedad» (bolero, José Antonio Méndez)
B «Cubibop» (mambo, Niño Rivera)
Niño Rivera: intérprete principal, tres, dirección y arreglos.

Victor 23-1457. Grabado en Cuba, 30 noviembre de 1949.
A «Noche cubana» (bolero, César Portillo de la Luz)
B «Rinquinquín» (guaracha, N. Rodríguez)
Niño Rivera: intérprete principal, tres, dirección y arreglos.

∿ René Alvarez y los Astros
Victor V-23-1142. Grabado en Cuba, 28 de octubre de 1948.

«Déjame tranquilo» (son montuno, Andrés Díaz)
«Bibelot de chocolate» (bolero, Rosendo Ruiz Quevedo).

Victor V-23-1183. Grabado en Cuba, 29 de octubre de 1948.
«Mi china sí» (son montuno, Juan Roger)
«Tú fuiste culpable» (bolero, Juan Roger y E. Muñoz).

Victor V-23-1228. Grabado en Cuba, 12 de abril de 1949.
«Lindo llambú» (guaguancó, René Alvarez).

Victor V-23-1253. Grabado en Cuba, 4 de mayo de 1949.
«Palo cagüeirán» (son montuno, Juan A. Dorvigny).

Victor V-23-1369. Grabado en Cuba, 2 de agosto de 1949.
«Ay, José» (guaracha, A. Rodríguez Valdes y J. Urioste)
«Mi comadre camina así» (guaracha, M. A. Espinosa)
En todos estos temas: Niño Rivera en el tres.

Victor V-23-5215. Grabado en Cuba, 5 de septiembre de 1950.
«Juaniquita» (son montuno, E. Puente)
«Yumbalé» (rumba, René Alvarez)
En estos dos temas: Niño Rivera en el tres (participación no confirmada).

~ **Conjunto Casino** (cantando Roberto Faz)
Panart 1193 B
«Los muchachos de Belén» (guaracha, O'Reilly y M. Chappottín)
   Niño Rivera: arreglos.

~ **Conjunto Casino con Roberto Faz y Conjunto Loquibambia Swing**
Panart 1237 B
«Átomo» (mambo, Niño Rivera y Luis Yáñez)
Niño Rivera: arreglos.

~ **Conjunto Casino** (cantando Roberto Faz)
Panart 1259
«Soy feliz» (bolero, José Antonio Méndez)
Niño Rivera: arreglos.

~ **Conjunto Casino** (cantando Roberto Espí)
Panart 1321 B
«Cuando lo pienses bien» (bolero, José Antonio Méndez)
Niño Rivera: arreglos.

~ **Conjunto Casino** (cantando Roberto Faz)
Panart 1327 B
«Realidad y fantasía» (bolero, César Portillo de la Luz)
Niño Rivera: arreglos.

~ **Conjunto Casino** (cantando Roberto Faz)
Panart 1354 B
«Nuestra canción» (bolero, César Portillo de la Luz)
Niño Rivera: arreglos.

~ **Conjunto Casino** (cantando Orlando Vallejo)
Panart 1489 B
«Perdido amor» (bolero, César Portillo de la Luz)
Niño Rivera: arreglos.

~ **Conjunto Casino** (cantando Faz, Espí y Ribot)
Panart 1639 B
«Guaguancó a Luyanó» (Cristóbal Doval)
Niño Rivera: arreglos.

~ **Cuarteto Musicabana con Orquesta Arcaño**
Panart 1634 B
«Juan José» (son montuno, Niño Rivera)
Niño Rivera: arreglos.

~ **Conjunto Casino** (cantando Rolito)
Panart 1640 A
«No sé por qué no me quieres» (bolero, Numidia Vaillant)
Niño Rivera: arreglos.

~ **Trío Antillano de Luis Carbonell y Conjunto Niño Rivera**
Panart -1690 (1955)
A «Ese peso no lo dejes escapar» (mambo cha, Julio Figueroa Lay)

~ **Conjunto Niño Rivera**
B «El mambo hace milagros» (mambo cha)
Niño Rivera: tres, dirección y arreglos.

~ **Orlando Vallejo con Orquesta Niño Rivera**
Panart 2171 A
«La noche serena»
Niño Rivera: arreglos.

Reeditado después por Panart Recording Corp. New York LP-2028 Exitos de Orlando Vallejo

~ **Pepe Reyes y Conjunto Niño Rivera**
Seeco 7168 (5 de marzo de 1952)
A «De mí para ti» (mambo melódico, Niño Rivera)
B «Cuando mueran las palabras» (bolero, Piloto y Vera)
Niño Rivera: dirección y arreglos.

~ **Pepe y su Conjunto**
Seeco 7169
A «Cuando comienza el amor» (bolero, Ricardo Díaz)
B «Allá en el campo» (guajira, Mario Blanco)
Niño Rivera: arreglos.

∾ **Vicentico Valdés y Orquesta**
Seeco 5070
«Baila mi cha cha chá» (cha cha chá, Ray Cohen)
Niño Rivera: arreglos.

∾ **Orquesta Riverside** (cantando Tito Gómez)
Seeco 7245 B
«De mí para ti» (mambo melódico, Niño Rivera)
Niño Rivera: arreglos.

∾ **Orlando Vallejo con Niño Rivera y su Conjunto**
Puchito 113
A «No me ofendes» (bolero, Piloto y Vera)
B «Tiernamente» (Gross-Lawrence; versión: Tania Castellanos)
Niño Rivera: dirección y arreglos.

∾ **Alberto Ruiz con el Conjunto Guanabo**
Puchito 136-A
A«Beso borracho» (bolero, Esteban Taronji)

En discos de 45 rpm

∾ **Arcaño y sus Maravillas**
Panart 45-1575
A «Rico melao» (mambo danzón, Jorge Mazón con el cuarteto Musicabana)
B «El Jamaiquino» (mambo danzón, Niño Rivera)
Niño Rivera: arreglos.

∾ **Cuarteto Musicabana con la Orquesta Arcaño**
Panart 45-1634
A «La circunstancia» (mambo, Francisco Fellove)
B «Juan José» (son montuno, Niño Rivera)
Niño Rivera: arreglos.

∾ **Trío Antillano de Carbonel y Conjunto Niño Rivera**
Panart 45-1690 (1955)
A «Ese peso no lo dejes escapar» (mambo cha, Julio Figueroa Lay)

〜 Conjunto Niño Rivera
B «El mambo hace milagros» (mambo cha)
Niño Rivera: tres, dirección y arreglos

〜 **Niño Rivera y su Orquesta**
Gema G-1033 (ca. 1958)
A «Música de enamorados» (ritmo afrokán)
B «Afrokán del turista» (ritmo afrokán)
Niño Rivera: tres, dirección y arreglos.

〜 **Fernando Álvarez con Niño Rivera y su Orquesta**
Gema G-1122 (ca. 1958)
A «Cuando no estás»
B «La última noche»
Niño Rivera: dirección y arreglos.

〜 **Ramón Cabrera con Conjunto Saratoga**
Rex RI 500 B
«El meneíto» (son montuno, Ramón Cabrera)
Niño Rivera: arreglos.

〜 **Niño Rivera y su Comban** (*sic*) (cantando Gil Valladares)
Panart 45-2323
A «Tu fracaso y el mío» (bolero, Niño Rivera)
B «Jamaicuba» (son montuno, Esther Cruz; cantan Gil Vallada-res y F. García)
Niño Rivera: intérprete principal, dirección, arreglos y tres.

〜 **Orlando Vallejo con Niño Rivera y su Conband** (*sic*)
Puchito (Serie Internacional) 45-111. Publicado también como DUC-111.
A «Natura» (guajira, Sabino Peñalver)
B «Novia mía» (bolero, José Antonio Méndez)
Niño Rivera: dirección y arreglos.

〜 **Orlando Vallejo con el Conjunto Niño Rivera**
Puchito 45-231
A «Tiernamente» («Tenderly») (bolero, Gross-Lawrence-T. Castellanos)

B «Novia mía» (bolero, José Antonio Méndez)
Niño Rivera: dirección y arreglos.

∿ **Orlando Vallejo Conjunto Niño Rivera**
Panart 45-2171 (ca. 1959)
A «La noche serena» (bolero, José Ramón Sánchez)
Niño Rivera: dirección y arreglos.

∿ **Luis Yáñez y su Conjunto** (dirigido por Niño Rivera, cantando Lionel)
Panart 45-2073 (1958)
A «El calypso es mi son» (son calypso, Yáñez y Gómez)
B «Triste melancolía» (bolero, Yáñez y Gómez)
Niño Rivera: tres, dirección y arreglos.

∿ **Conjunto de Luis Yáñez** (dirigido por Niño Rivera, canta Lionel
Panart 45-2113 (ca. 1959)
A «Besos de nieve» (bolero, Rosendo Ruiz Jr.)
B «Guapachando mi son» (son guapachá, Lázaro Núñez)
Niño Rivera: tres, dirección y arreglos.

∿ **Miriam Balmori con el Conjunto de Niño Rivera**
Panart 45-2145 (ca. 1959)
A «Será tu traición» (bolero)
B «Razón de vivir» (bolero)
Niño Rivera: dirección y arreglos.

∿ **Conjunto Estrella de Chocolate**
Puchito 541 (ca. 1959)
A «Fiesta en el cielo» (bolero, Niño Rivera)
B «Guaguancó de todos los barrios» (guaguancó, Pedro Aranzola)
Niño Rivera: tres, arreglos.

∿ **Niño Rivera y su Conjunto**
Panart Nacionalizada 2396 (ca. 1961)
A «Sueño esclavo» (afro, Armando Guerrero)

∿ **Niño Rivera y su Orquesta de Jazz**
B «Rica sambia» (*jazz*, Agustín Ribot)
Niño Rivera: intérprete principal, tres, dirección y arreglos

~ **Niño Rivera y su Conjbanda** (*sic*)
Ga, Ete 45-S-G-3
A «Carpintero pájaro carpintero» (guaracha-guapachá, Verde de León)
Cantan: Oscar Guada. Coros. Ibrahím Ferrer y A. Díaz
B «Lo nunca oído» («Ibiono») (guaguancó, Guillermo Recio)
Cantan: Ibrahim Ferrer y A. Díaz. Texto hablado: Guillermo Recio
Niño Rivera: Intérprete principal, tres, dirección.

~ **Vitto Rey con Niño Rivera y su Conjbanda** (*sic*)
Gañete 45-S-G-2
A «Bebiendo" (bolero, V. de León)
B «Hoy puedo decir» (bolero, G. Recio)
Niño Rivera: tres, dirección.

~ **Niño Rivera**
Gramex (1956)
«No me humillo» (Niño Rivera)
«Por qué te fuiste» (I. Plaza)

~ **Pío Leyva y Orquesta** (dirigida por Niño Rivera)
RCA Victor 45-1154
«Cuba de mi corazón» (guaracha son, Mario San Pedro). Reeditado en LP Canta Pío Leiva (RCA Victor LPD-565).
«Cangrejo no tiene ná» (guaracha, Parmenio Salazar)
Niño Rivera: tres, dirección.

~ **Pío Leyva**
RCA Victor- 45-1145
A «Tú no sabes de amor» (zamba-guaracha, Ricardo Díaz)
B «Compréndeme, nena» (bolero, Ramón Cabrera)
Niño Rivera: dirección.

~ **Chucho Álvarez con la Orquesta de Niño Rivera y Los Hermanos Bravo**
Corona 45-555
A «Historia de mi vida»
B «Brindis de amor»
Niño Rivera: tres, dirección.

~ **Yuyo Rodríguez con Maromi y su Conjunto**
Bebo Valdés, piano; Niño Rivera, tres; Alejandro *el Negro* Vivar,
trompeta; Guillermo Barreto, pailas; Arístides Soto Tata Güines,
tumbadora; Israel López *Cachao*, bajo; Agustín Tamayo, güiro.
Romi R-2005. Grabado en Estudios de Radio Progreso, 1960
A «Sola y triste» (bolero, Armando Valdespí)
B «Y decídete mi amor» (mambo chachachá, José Antonio Méndez)
Niño Rivera: tres.

~ **Dagoberto Casañas y Niño Rivera y su Orquesta Venus**
ICD-909-A. Grabado en Cuba, 1959-1961
«Soy a mi manera» (bolero-beguine, Dagoberto Casañas)
Niño Rivera: dirección.

~ **Dagoberto Casañas y Niño Rivera y su Orquesta**
Venus ICD-885-A. Grabado en Cuba, 1959-1961
«Por un beso… todo» (bolero, Dagoberto Casañas)
Niño Rivera: dirección.

~ **Hermanos Bermúdez con Orquesta Niño Rivera**
Maype-69
A «Tú me estás volviendo loco»
B «No te debo querer»
Niño Rivera: dirección y arreglos.

~ **Moraima Secada con Orquesta** (dirigida por Niño Rivera)
Panart 2344
A «Mi realidad eres tú» (bolero, Niño Rivera)
B «Alivio» (bolero, Julio Cobos)
Niño Rivera: dirección y arreglos.

~ **Omara Portuondo y Orquesta Niño Rivera**
Panart Nacionalizada 45-2373 (ca. 1960)
A «Miedo de perderte al fin» (bolero beguine, Olga Rosado)
B «Con indiferencia» (bolero, Olga Rosado)
Niño Rivera: dirección y arreglos.

~ **Esther Cruz con Orquesta de Jazz** (dirigida por Niño Rivera
Panart Nacionalizada 45-2396

A «Sueño esclavo» (afro, Armando Guerrero)
B «Rica sambia» (rumba, Agustín Ribot)
Niño Rivera: arreglos y dirección.

〜 **Pío Leyva y Orquesta de Jazz** (dirigida por Niño Rivera)
Egrem 45-2419
A «Buena cosecha» (pachanga, Oscar Castro)
B «Viejo batey» (guajira, Tony Tejera)
Niño Rivera: dirección.

〜 **Pedro Godínez con Niño Rivera y su Conjband**
Egrem 45 -2546
A «Casi casi» (bolero mambo, Sergio Francia)
B «Farándula» (bolero, Ramón Azúa Lago)
Niño Rivera: dirección y arreglos.

〜 **Niño Rivera y su Banda** (cantando Manolito Licea)
Rosell Records RR-02

A «Cantinero mi cerveza» (chachachá, Rosendo Rosell)
B «Pregón criollo» (pregón, Rosendo Rosell)
Ambos temas fueron reeditados por Velvet en el LP Cubita cubera (LP-100). El primero fue reeditado además por el sello Calle Mayor (España) en el CD- PC0815 Cuban Night Club.
Niño Rivera: intérperete principal, tres, dirección y arreglos.

〜 **Pablo Cairo y su Conjunto Orquestal**
Gañete 45 S-G-1
A «Sin tu querer» (bolero guajira; cantan O. Guada, Vitto Rey y Pablo Cairo)
B «Vívelo» (son montuno; cantan O. Guada, Vitto Rey y A. Díaz)
Niño Rivera: dirección y arreglos.

〜 **Hermanos Bravo y Orquesta** (dirigida por Niño Rivera)
RCA Victor 45-1162
A «La negra Sanda» («La negra Santa») (guaracha, Sergio Francia)
B «Guaguancó como Columbia» (guaguancó)
Niño Rivera: dirección y arreglos.

∽ **Heric Carbó y Orquesta** (dirigida por Niño Rivera)
Panart-2393
A «Miel»
B «Cuando comienza el amor» (bolero, Ricardo Díaz)

∽ **Orquesta Egrem** (dirigida por Niño Rivera
Areíto/Egrem 45-2471
A «Así bailo yo» (ritmo cubayá, Niño Rivera)
B «Keenke» (ritmo cubayá, Niño Rivera)
Niño Rivera: tres, dirección y arreglos.

∽ **Orquesta Chepín Chovén** (director: Electo Rosell Chepín)
Areíto/Egrem 45- 6483
C «Siempre te quiero»
Niño Rivera: arreglo

∽**Leonel Bravet y Orquesta** (dirigida por Niño Rivera)
Egrem 45-2503
A «Vicio de ti» (bolero, Jorge Mazón)
Niño Rivera: dirección y arreglos.

En discos LP 33 rpm

• **Pepe Reyes**
Hi–Havana LP HH-31-1001 «Nuestra canción»
Grabado en La Habana, Cuba. Estudios Radio Progreso. No se indica la dirección orquestal del acompañamiento.
Niño Rivera: arreglos en temas no especificados.

• **Pepe Reyes y Olga Rivero con Cuarteto Los Cavaliers**
Ferrer LP EF-650 «Sentimiento cubano». «Cuban Feeling» (ca. 1957-1958)
Niño Rivera dirige y arregla los siguienes temas:

«Realidad y fantasía» (César Portillo de la Luz) por Pepe Reyes y Los Cavaliers
«Eres mi felicidad» (Niño Rivera) por Pepe Reyes
«Y siento que te quiero» (Armando Peñalver) por Pepe Reyes
«Lástima de ti» (F. Cuesta) por Olga Rivero

«Tu razón» (P. Reyes) por Pepe Reyes
«Humanidad» (Abel Domínguez) por Pepe Reyes
«Con tu pasa pará» (E. Ferrer) por Pepe Reyes y Los Cavaliers.

• **Orlando Vallejo con el Conjunto Niño Rivera**
Panart LP-2062 *Consentida*
A-3 «Consentida» (bolero, Alfredo Núñez de Borbón)
A-4 «Adiós muchachos» (bolero tango, J. C. Sanders y C. F. Verdani)
B-3 «Un paraíso es mi Cuba» (guajira, Rosendo Ruiz Suárez-Ricardo M. Alemán)
Niño Rivera: arreglos y dirección en los temas mencionados. El bolero «Consentida» ha sido reeditado en varios LP de Panart a partir de 1960 en Estados Unidos (Panart LP-3150 Los éxitos de Orlando Vallejo; Panart Recording Corp. New York LP-2062 Éxitos de Orlando Vallejo y por Delujo (Discos Fuentes, Colombia) LP-419121 Un amigo mío y otros éxitos Orlando Vallejo.

• **Niño Rivera**
LP *Cuban Jam Sessions under the Direction of Niño Rivera*
Panart LP-3090. Grabado en Cuba, probablemente en 1958-1959 y publicado por Panart Estados Unidos, ca. 1961-1962. También publicado bajo licencia Panart en Venezuela con referencia Panart-102-28044.
Orestes López, piano; Alejandro el Negro Vivar, trompeta; Emilio Peñalver, saxo; Richard Egües, flauta; Salvador *Bol* Vivar, bajo; Guillermo Barreto, timbales; Rogelio *Yeyo* Iglesias, bongós; Arístides Soto Tata Güines, tumbadora; Gustavo Tamayo, güiro.
Niño Rivera: director y tres
A1- «Montuno swing» (montuno, Niño Rivera)
A2- «Montuno guajiro» (montuno, Niño Rivera)
B1- «Chachachá montuno» (cha cha chá montuno, Niño Rivera)
B2- «Guaguacó-comparsa» (conga guaguancó, Niño Rivera)
Niño Rivera: intérprete principal, arreglista y director.

• **Cachao y su Combo**
LP *Descargas* Panart LP-2092
«Oye mi tres montuno» (descarga, Niño Rivera)
Niño Rivera: tres en este tema.

Reeditado por Panart con idéntica referencia, pero fabricado en Estados Unidos y con distinto orden de los temas, bajo el título *Cuban Jam Sessions in Miniature* «Descargas» y como intérprete Cachao y su Ritmo Caliente. Esta edición norteamericana fue replicada en Venezuela, bajo licencia Panart, poro La Discoteca, C.A. Sin embargo, en los créditos de contraportada omiten a todos los músicos invitados que participaron en la grabación, entre ellos Niño Rivera.

Estas grabaciones han tenido múltiples ediciones y han sido publicadas en un *pack* junto a otras descargas bajo el nombre por el que se les conoce: *Cuban Jam Sessions.*

• Cachao y su Orquesta

Maype US-122 *Jam Session with feeling. Descargas Cubanas.* Reeditado en formato CD en Canadá por Maype (CD-122). Al hilo del impacto que provocaron las descargas de Panart, otros sellos siguieron los mismos pasos. En este caso se trata de las descargas de Maype.

«Siboney», Enesto Lecuona
«Avance juvenil», Orestes López
«Marta», Moisés Simons
«La floresta», Orestes López
«El Niño toca el tres», Israel López Cachao
«La bayamesa», Sindo Garay
«El manisero», Moisés Simons
«Juan Pescao»
«A buscar camarones»
«Descarga general», Orestes López
«Y tú qué has hecho», Eusebio Delfin
«Redención», Orestes López
Niño Rivera: intérprete principal en el tema «El Niño toca el tres». Tres en otros.

• Miguelito Cuní y su Septeto

Gema LP 1108 *Sones de Bienvenido Julián Gutiérrez.*
«El cielo tenebroso»
«Cobarde no»
«El diablo»
«Contradicción»

«Con amor todo se olvida»
«Por la señal»
«Convergencia»
«Lo mismo»
«Tú no creas»
«Con voluntad»
«Dónde va Chichí»
Niño Rivera: tres y probablemente arreglos.

- **Rosendo Ruiz Jr. and his Havana Rio Orchestra**
Tico LP-1039 *Continental Cha Cha Cha* (195?)

«Continental Cha Cha Cha» (Domitila)
«Mónaco Cha Cha Cha» (Guarapo con maní)
«Cha Cha Cha in Hawai» (Hula Hula Cha Cha Cha)
«Moroccan Cha Cha Cha» (Sésamo Abrete)
«Cuban Cha Cha Cha» (Qué bella es Cuba)
«Cha Cha Cha in Barcelona» (La sayita)

«Cha Cha Cha at Capri» (Quien baila mejor)
«Trinidad Cha Cha Cha» (La jicotea)
«Mexican Cha Cha Cha» (Maquiavelo)
«U.S.A. Cha Cha Cha» (Tom & Jerry)
«Cha Cha Cha in Rio» (Cha Cha Cha nada más)
Niño Rivera: arreglos en temas no especificados.

- **Fernando Álvarez**
Gema LP *Amar y vivir*. LPG-1147. Grabado en Cuba y publicado en Estados Unidos cerca de 1962.
A3- «Eres diferentre» (bolero, José Antonio Méndez)
B1- «Cuando no estás» (bolero, José Slater Badan)
Niño Rivera: arreglos en estos temas.

- **Amaranto Fernández y su Banda de Cárdenas**
Egrem LD 3198 LP *Amarando y su banda de Cárdenas*
B3- «Déjame seguir» (bolero, Gilberto Ramírez)
Niño Rivera: arreglos.

- **Varios Intérpretes**

Panart Nacionalizada LP-3107 *Praga, Cuba te saluda,* vol. 2 (ca.1961).

A-1 «Praga» (L. Podejst)
A-2 «El manisero» (Moisés Simons)
A-3 «Aquellos ojos verdes» (Utrera-Menéndez)
A-4 «Tú no sospechas» (Marta Valdés)
A-5 «Fiesta en el cielo» (Niño Rivera)
A-6 «Domitila dónde vas» (Ricardo Díaz)
B-1 «Marniva Sestrenice» (H. Jiri y Slova Jiri)
B-2 «Quiéreme mucho» (Gonzalo Roig)
B-3 «Siboney» (Ernesto Lecuona)
B-4 «Sabor cubano» (Emilio Peñalver)
B-5 «Triste verdad» (Mario Ruiz Armengol)
B-6 «Tres lindas cubanas» (Antonio María Romeu)
Niño Rivera: arreglos y dirección en la mayoría de los temas.

• **Orquesta Imprenta Nacional**
INC-1005 *Melodías inolvidables* (ca. 1961)
Niño Rivera participa en:
A-3 «La cleptómana»
B-1 «Longina»
Niño Rivera: arreglos.

• **Ramón Veloz y Orquesta** (dirigida por Rafael Somavilla)
Imprenta Nacional de Cuba, INC-LD-1003 LP *Primer Festival de Canciones.*
B1- «Nueva vida» (Francisco Escorcia)
Niño Rivera: arreglos en este tema.

• **Niño Rivera y su Conjban** (cantan Gilberto Valladares (GV) y Frank García (FG)
Panart LP 3106 *Niño Rivera y su Conjband* (1959). Publicado también por Panart Nacionalizada con idéntica referencia y carátula. También por *Calle Mayor* (España), PC0129 en formato CD.
A-1 «Montuno alegre» (son montuno, Orlando Peña) GV
A-2 «Eres diferente» (bolero, José Antonio Méndez) FG
A-3 «No tengo espina, ni tengo flor» (guaracha, Bárbaro S. O'Farril) l FG-GV
A-4 «No mendigaré» (bolero, E.Serrano-G. Valladares) GV

A-5 «Tu fracaso y el mío» (bolero, Niño Rivera) GV
A-6 «Jamaicuba» (son montuno, Esther Cruz) FG-GV
B-1 «Eres mi felicidad» (bolero, Niño Rivera) FG
B-2 «Cherivón» (cha cha chá, Niño Rivera) Instrumental
B-3 «Fiesta en el cielo» (bolero, Niño Rivera) GV
B-4 «Madejas de sueño» (bolero, Frank García) FG
B-5 «En monte adentro» (son montuno, Niño Rivera) FG-GV
B-6 «Levántense todos» (conga, Luis Francisco Renova) FG-GV
Niño Rivera: intérprete principal, arreglos y dirección.

- **Conjunto Estrella de Chocolate**
Puchito SP-119 *Fiesta cubana*. La Habana, 1960. Reeditado con idéntico título y diferente portada, con referencia Puchito MLP-562 en Hialeah, Miami, Florida. Reeditado en Miami bajo sello Adria como *Guaguancó a todos los barrios*, referencia Adria-15 y CD Antilla-15.
A-1 «Los caminantes» (Andrés Echevarría, Niño Rivera)
A-2 «Abstraídamente» (Jorge Mazón)

A-3 «Que traigan el guaguancó» (Pedro Aranzola)
A-4 «Qué piensas» (Gustavo Betancourt)
A-5 «Fania» (Reinaldo Bolaños)
A-6 «Sigue allá boba» (Benigno Echemendía)
B-1 «Macho cimarrón» (Eugenio Lahera)
B-2 «Era de esperar» (Eugenio Lahera)
B-3 «Mi fanfarrón» (Félix Amaro)
B-4 «El Kikiriki» (Evaristo Aparicio Zaragoza)
B-5 «Fiesta en el cielo» (Andrés Echevarría, Niño Rivera)
B-6 «Guaguancó a todos los barrios» (Pedro Aranzola)
Niño Rivera: tresero y arreglista en algunos temas no determinados.

- **Bebo Valdés y su Orquesta Cantando Eddy Alvarez**
Discuba LPD-104 *Selección de Estrellas*. Volumen 4 (ca. 1960)
Con arreglos de Bebo Valdés.
«Gracias»
«Odiame»
Niño Rivera: tres en estos temas.

- **Orquestas dirigidas por Somavilla, Baró, Tojo y Peñalver**
Egrem LD-3150 *Melodías inolvidables* (ca. 1965).
«Eres pasión»

«Chachachá mixto»
Niño Rivera: tres en estos temas.

• **Bienvenido Julián Gutiérrez-Orquestas dirigidas por Generoso Jiménez, Joaquín Mendível, Niño Rivera, Rolando Baró**
Areíto LD-3125 y Areíto/Cubartimpex LPA-1029 *Estampas populares*. Reeditado en Canadá por sello Select LP S-398.152.
A1- «Azúcar pa un amargao»
A2- «Hagan juego»
A3- «Cundunga»
A4- «El encargado»
A5- «Arrulla»
B1- «Con un solo pie»
B2- «Yo no tengo padre ni madre o El huerfanito»
B3- «Sensemaya»
B4- «Cobarde no»
B5- «No me mortifiques más (Carmelina)»
Niño Rivera: tres, arreglos y dirección en varios temas.

• **Mongo Santamaría**
Fantasy F-8045 LP Our Man in Havana. Grabado en La Habana y publicado en Estados Unidos. 1960.
A-1 «Jamaicuba» (Niño Rivera)
A-2 «Manila» (Mongo Santamaría)
A-3 «He Guapachá» (Niño Rivera)
A-4 "Cha Cha Rock" (Mongo Santmaría)
A-5 «Vengan pollos» (Mongo Santamaría)
B-1 «Barandanga» (Armando Peraza)
B-2 «Linda guajira» (Mongo Santamaría)
B-3 «Vamos a gozar» (Santamaría-Hewitt)
B-4 «Mis Patti Cha Cha» (Mongo Santamaría)
B-5 «Viva la felicidad» (Mongo Santamaría)
Niño Rivera: Tres y arreglos.

- **La Típica 73**

Fania JM 00542 LP *En Cuba-Intercambio Cultural.* Grabado en Cuba en 1978 y publicado en Estados Unidos en 1979.

A-2 «Un pedacito» (son montuno, Sabino Peñalver)

Niño Rivera: tres como invitado especial en el tema mencionado.

- **Ela Calvo & Andrés Echevarría y su Orquesta de Jazz**

Areíto Egrem LD-3182 Ela Calvo. Reeditado por Calle Mayor *Colección Perlas Cubanas* -217 CD–PC0776.

A-1 «Eres mi felicidad» (Niño Rivera)

A-2 «Cuando comienza el amor» (Ricardo Díaz)

A-3 «Crescendo matinal» (A. González, Gustavo Casals)

A-4 «Mi gran reclamo» (Jorge Mazón)

A-5 «Compréndeme te pido» (Juan Almeida)

A-6 «Para llegar a ti» (Hugo Cruz Artigas)

B-1 «Guirnaldas y amor» (A. Peñalver)

B-2 «En la existencia» (Pablo Reyes)

B-3 «Qué he de decir» (Carol Quintana)

B-4 «Dime si eres tú» (Cesar Portillo de la Luz)

B-5 «Demasiado que pedir» (Marta Valdés)

B-6 «El eco de tu adiós» (Orlando Llerena)

Niño Rivera: dirección y arreglos.

- **Orquesta Chepín-Choven**

Egrem LDS-3429 *El regreso de Chepín.*

Niño Rivera: arreglista junto a Inaudis Paisán, Electo Rosell, Luis Castell y Miguel Méndez, sin identificar temas específicos.

- Moraima Secada y Orquesta Egrem (dirigida por Adolfo Pichardo).

Egrem LD-3881 *Moraima Secada. La Mora*

A

4 - «Abstraídamente» (Jorge Mazón)

6 - «Eres mi felicidad» (Andrés Echevarría "Niño Rivera")

Niño Rovera: arreglista.

• Las Estrellas de Areíto
Volumen I
A (Olmo y Bacallao)

1- «Hasta Pantojo baila mi son» (son, Pedro Aranzola) (Miguelito Cuní)

2- «Que traigan el guaguancó» (guaguancó, Pedro Aranzola)

B (Miguelito Cuní-Filiberto Hernández)

1- «Guaguancó a todos los barrios» (guaguancó, Pedro Aranzola)

Volumen II
A (Pío Leiva)

1- «Póngase para las cosas» (son, Pedro Aranzola) (Teresa García Caturla)

2- «U-la-la» (son montuno, Juan Pablo Torres y Humberto Cardonell)

B (Pío Leiva)

1- «Mi amanecer campesino» (son montuno, Pedro Aranzola)

Volumen III
A (Manolo Furé y Teresa García Caturla)

1- «El manisero» (son montuno, Moisés Simons) (Grupo Algo Nuevo)

2-«Fefita» (danzón, José Urfé)

B (Miguelito Cuní)

1- «Yo sí como candela» (son montuno, Luis *Lilí* Martínez Griñán)

Volumen IV
A (Tito Gómez)

1- «Llora timbero» (rumba, Israel Rodríguez Scull) (Pío Leiva)

2- «Maracaibo Oriental» (son montuno, José Artemio Castañeda)

B (Magaly Tras y Teresa García Caturla)

1-«Para mi Cuba yo traigo un son» (son, D.R.)

Volumen V
A (Carlos Embale y Teresa García Caturla)

1- «Guajira guantanamera» (guajira son, Joseíto Fernández)
(Pío Leiva)

2- «El pregón de la montaña» (son montuno, Pío Leiva)

B (Estrellas de Areíto)

1- «Prepara los cueros» (son, Juan Pablo Torres)

Las Estrellas de Areíto de Cuba (VI)
1- «Tema» (Rubén González)

2- «Taurema» (Teresa García)

3- «Mucho corazón» (Enma Elena Valdelamar)

4- «Santa Isabel de las Lajas» (Benny Moré)

5- «Celos de ti» (Marcelino Guerra, Rapindey)

6- «Convergencia» (Bienvenido Julián Gutiérrez)

7- «Olga la tamalera»

8- «Azúcar con ají» (Niño Rivera)

9- «Bilongo» (Guillermo Rodríguez Fiffe)

10- «Trompetas en cha cha chá» (Enrique Jorrín)

Niño Rivera: tres en todos los discos.

• **Niño Rivera y su Conjunto**

Areito LP-3892 *Niño Rivera y su conjunto* (1981). Publicado también bajo sello Integra (Venezuela) LPEG-13083, bajo licencia Egrem, con cubierta diferente.

Manuel *Guajiro* Mirabal y Jorge Luis Varona, trompetas; Gustavo Tamayo, güiro; Rubén González, piano; Miguelito Cuní, voz. Intervinieron también: Rolando Baró, José Ferrer, Guillermo García, el Niño León, Armando Galán, Ahmed el Jimagua Barroso, Emilio del Monte, Fabián García y Andresito Castro.

A-1 «Nuevo son» (son montuno, Jorge Mazón)

A-2 «Átomo» (son montuno, Luis Yáñez-Niño Rivera)

A-3 «Esto sí se llama querer» (bolero, Luis *Lilí* Martinez Griñán)

A-4 «El Jamaiquino» (son montuno, Niño Rivera)

A-5 «Juan José» (son montuno, Niño Rivera)

B-1 «Azúcar con ají» (guaracha, Niño Rivera)

B-2 «Amor en festival» (bolero, Niño Rivera)

B-3 «Mira qué son» (son montuno, Osvaldo Argudín)

B-4 «Hasta mañana vida mía» (bolero, Rosendo Ruiz Quevedo)

B-5 «Kumahon» (son montuno, Yáñez y Gómez)

Niño Rivera: intérprete principal, tres, arreglos, dirección.

• **Fellove y el Conjunto Habana** (dirigido por Tony Taño

Areíto/Egrem LD-3803 *Fellove*. Grabado y publicado en 1979 en La Habana. Reeditado el mismo año en Venezuela por Interamericana de Grabaciones, S.A. (Integra) bajo licencia Egrem. Referencia LP EG-13.025 y cassette EG-13.026. También ese mismo año por Orbe ARS-17019 y por sello La Escena (país desconocido) y sin referencia bajo título *La escena presenta Al Gran Fellove*.

A-1 «Mangué» (Francisco Fellove)
A-2 «Mi mami y mi papi» (Francisco Fellove)
A-3 «Quimbombó con salsa» (Narciso Valdés Iglesias)
A-4 «Jóvenes y viejos» (Niño Rivera)
A-5 «Una aventura» (Chiquitica Méndez
B-1 «El Jamaiquino» (Niño Rivera)
B-2 «Decídete mi amor» (José Antonio Méndez)
B-3 «La fiesta no es para feos» (Walfrido Guevara)
B-4 «Dos caminos» (Francisco Fellove)
B-5 «Rey negro» (Jorge Mazón)
Niño Rivera: tres como parte del Conjunto Habana. Arreglos en los temas «Mangüé», «Jóvenes y viejos», «El Jamaiquino», «Dos caminos» y «Rey negro».

• **Armando Sánchez y su Conjunto Son de la Loma**
Montuno Records MLP-518. LP *Y sigue la cosa*. Estados Unidos, 1982.
«No me digas corazón» (Arsenio Rodríguez)
«Ensalada de montunos» (Arsenio Rodríguez, Félix Amaro Ferrer y Luis Griñán)
«Palo Mayombe» (Armando Sánchez)
«Son de la loma» (Miguel Matamoros)
Niño Rivera: arreglos en los temas mencionados.

En compilaciones en formato LP

✳ **Niño Rivera y su Conjunto**
Soup Records (Japón) LP T-105 *Un estudio del mambo*. 1985.
5- «Cubibop» (mambo, Niño Rivera)
Animal Tour PL 75265 (2), RCA– PL 75265 (2), BMG Ariola España– PL 75265 (2) (España) *Semilla del son* (compilación realizada por Santiago Auserón)
B-5 «El Jamaiquino» (son montuno, Niño Rivera)

✳ **Orquesta dirigida por Niño Rivera**
Panart Nacionalizada LD-3107 *Praga, Cuba te saluda!* – Vol. II.
Niño Rivera: aunque no se indica en los créditos, dirigió la orquesta que interpretó todos los temas.

Bibliografía

Libros, ensayos, folletos y notas en discos

Acosta, Leonardo: *Un siglo de jazz en Cuba.* Ediciones Museo de la Música, La Habana, 2012.

_____ *Móviles y otras músicas.* Ediciones Unión. La Habana. 2010.

Amador, Efraín: *Universalidad del laúd y el tres cubano.* Editorial Letras Cubanas/Adagio/Cúpulas. La Habana, 2009.

Blanco Aguilar, Jesús: *80 años de son y soneros en el Caribe.* Fondo Editorial Tropykos, Caracas, Venezuela. 1992.

Berroa, Jorge: *Cronología de Andrés Hechevarría* [sic] («Niño Rivera»). Monografía. Dirección de Promoción. Instituto Cubano de la Música. 24 de abril de 1989.

Cantor-Navas, Judy: *The Complete Cuban Jam Sessions, booklet* a la edición de la compilación discográfica homónima. *Craft Recordings* (Concord Music Group Inc,) Los Angeles, 2018.

Chediak, Nat: *Diccionario de jazz latino.* Fundación Autor. Madrid, 1998.

Díaz Ayala, Cristóbal: *Discografía de la Música Cubana.* Volumen 1 (1898 A 1925). Fundación Musicalia, San Juan, 1994.

_____ *Cuba canta y baila. Enciclopedia discográfica de la música cubana.* (versión online).

_____ *Del areyto al rap cubano.* Fundación Musicalia.

Fernández, Raúl: *From Afro-Cuban Rhythms to Latin Jazz.* University of California Press. 2006.

Giro, Radamés: *Diccionario Enciclopédico de la música cubana.* Editorial Letras Cubanas. La Habana, 2009.

_____ *El filin de César Portillo de la Luz.* Ediciones Unión. La Habana, 2001.

Grijalba Ruiz, Jairo: *Arsenio Rodríguez. El profeta de la música afrocubana.* Unos & Otros Ediciones. Miami, USA. 2015.

Guerrero Reina, Félix: *Método original fácil y práctico para aprender a tocar el tres.* Casa de la Música. La Habana, 1927.

Gutiérrez Barreto, Francisco: *Libro de la farándula cubana* (1900-1962) (versión digital)

Hadlock, Dick: Notas al LP *Our Man in Havana. Mongo Santamaría and his Men.*

Lapidus, Benjamín: *Niño, Niño, toca tu tres montuno: un análisis musicológico y personal de las encrucijadas del jazz con el tres.* Ponencia. Coloquio Festival Internacional Jazz Plaza. La Habana, 2019. (Inédito)

López, Oscar Luis: *La radio en Cuba.* Editorial Letras Cubanas, La Habana, 1981.

López, René y Kaufman, Andy: Notas al LP *Déjame tranquilo.* René Alvarez y los Astros.

Marrero Pérez-Urría, Gaspar: *Los campeones del ritmo. Memorias del Conjunto Casino.* Ediciones CIDMUC. La Habana, 2014.

Martínez, Mayra A.: *Cubanos en la música.* Ediciones Unión. La Habana, 2015.

_____ *Cuba con voz y canto de mujer.* Eriginal Books. USA.

Orejuela Martínez, Adriana: *El son de no se fue de Cuba. Claves para una historia. 1959.1973.* Editorial Letras Cubanas. La Habana, 2006.

Padilla, Erasmo: *Tengo un filin.* Editorial Antillas. 2013

Reyes Fortún, José: *Un siglo de discografía cubana.* Ediciones Museo de la Música.

_____ *El Conjunto Casino.* Ediciones Museo de la Música. La Habana, 2009.

Ruiz Quevedo, Rosendo: *Caleidoscopio musical del compositor de música popular cubana Rosendo Ruiz Quevedo.* (Mecanuscrito inédito).

Suárez, Senén. *Las raíces del son.* Booklet en box Sexteto y Septeto Habanero (Tumbao Cuban Classics).

Tellería, Nefertiti: *Los 70 de Niño Rivera.* Folleto. Dirección de Información del Ministerio cubano de Cultura. La Habana, 1989.

Valdés, Marta: *Donde vive la música.* Ediciones Unión. La Habana, 2004

_____ *La canción en Cuba a cinco voces.* Ediciones Ojalá. La Habana, 2017.

Yáñez, Luis; de la Cuesta, Ramiro; Ruiz Quevedo, Rosendo: *El feeling, un momento estelar en la música popular cubana* (Inédito).

Artículos de prensa

Contreras, Félix :«El Niño Rivera puso filin al tres». Revista *Bohemia.* La Habana, 16 de febrero de 1996.

Navarro, Osvaldo: «El Niño Rivera no se conforma». Revista *Bohemia*. La Habana, 1 de noviembre de 1991.

Padura, Leonardo: «Isaac Oviedo, el tres en ristre». Periódico *Juventud Rebelde*. La Habana, 19 de abril de 1987.

Otras publicaciones periódicas

Revista *Radio-Guía*. Años 1942 a 1949
Revista *Billboard*. USA. Años 1948 a 1980
Periódico *Granma* (Cuba)
Revista *Show*. La Habana. Cuba. Años 1954-1960
Periódico *Juventud Rebele* (Cuba)
Revista *Bohemia*. Años 1948 a 1996.

Documentos

✓ Archivos de la Asociación Editorial Musicabana a Musicabana S.A.
✓ Fondo Odilio Urfé en Museo Nacional de la Música.

Entrevistas utilizadas

◄ Andrés Echevarría Callava, Niño Rivera (por Gloria Torres)
◄ Andrés Echevarría Callava, Niño Rivera (por Rebeca Chávez)
◄ Andrés Echevarría Callava, Niño Rivera (por Marta Valdés)
◄ Andrés Echevarria Callava, Niño Rivera (Fondo Colección Díaz Ayala, FIU)
◄ Vicente González Rubiera, Guyún (por Radamés Giro)
◄ César Portillo de la Luz (por Belkis Olivares)
◄ Angel Díaz (por Belkis Olivares)
◄ Rosendo Ruiz Quevedo (por Belkis Olivares)
◄ Ñico Rojas (por Belkis Olivares)
◄ Raúl Travieso (Fondo Colección Díaz Ayala, FIU)

Entrevistas realizadas por la autora especialmente para este libro

► Mario Echevarría Cruz
► Magaly Echevarría Cruz
► Emilio Echevarría Cruz
► Gloria Echevarría Portal
► René Espí Valero
► Fabián García Caturla

- ► Francia Domech
- ► Emilio Moré
- ► Jorge Rodríguez
- ► Nefertiti Tellería
- ► René López (Nueva York, USA)
- ► Nelson González (Nueva York, USA)
- ► Elio Osácar (Sonny Bravo) (Nueva York, USA)
- ► Francisco L. Pancho Amat
- ► Efraín Amador
- ► Juan de Marcos González
- ► Efraín Ríos
- ► Juan de la Cruz Antomarchí Cotó
- ► César Hechavarría El Lento
- ► Renesito Avich
- ► Yusimil López Yusa
- ► Enid Rosales
- ► Maykel Elizarde
- ► Fernando Dewar
- ► San Miguel Pérez
- ► Benjamín Lapidus
- ► Raúl Rodríguez

Sitios web

gladyspalmera.com
www.montunocubano.com
www.discogs.com
www.billboard.com
www.allmusic.com

Rosa Marquetti Torres

Rosa Marquetti Torres (La Habana, Cuba) es licenciada en Filología por la Universidad de La Habana. Especialista en propiedad intelectual, como profesión e investigadora musical por vocación, creó y lleva desde 2014 su *blog Desmemoriados. Historias de la música cubana.* Selecciones de textos de este sitio han sido publicadas en 2016 por la editorial colombiana La Iguana Ciega y en 2019 por Ediciones Ojalá, de Cuba en sendos libros homónimos. Trabajos suyos han aparecido en otras publicaciones impresas y digitales de Cuba, Colombia, España y Estados Unidos, entre otros. Su labor asociada a la investigación musical se extiende a la producción, documentación, archivística, asesoría y supervisión musical en varios filmes (*Chico y Rita* -Fernando Trueba y Javier Mariscal; *El acompañante* -Pavel Giroud; *Santa y Andrés* -Carlos Lechuga) y documentales (*Old Man Bebo* -Carlos Carcas; *A Tuba to Cuba* -T.G. Herrington; *Buena Vista Social Club Adios* -Lucy Walker, de España, Estados Unidos y Cuba, entre otros. En 2018 se publica su libro *Chano Pozo. La vida (1915-1948)*, con ediciones en Cuba y Colombia. *Chano Pozo. La vida (1915-1948)* Ed. UnosOtrosEdciones, 2019, EEUU. Actualmente es colaboradora permanente de la Colección Gladys Palmera (España).

OTROS TÍTULOS

LUIS MARQUETTI

Julio Estupián Ruiz

Gaspar Marrero

UNOS & OTROS
EDICIONES

LUIS MARQUETTI
GIGANTE DEL BOLERO
EL HOMBRE SIN ROSTRO

LUIS CÉSAR NÚÑEZ GONZÁLEZ

BOLA DE NIEVE
Si me pudieras querer

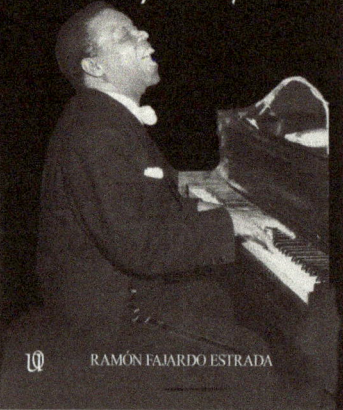

Reynaldo González

Pedro Almodóvar

Harold Gramatges

UNOS & OTROS
EDICIONES

Ramón Fajardo Estrada

RAMÓN FAJARDO ESTRADA

RAY BARRETTO FUERZA GIGANTE

ROBERT TELLEZ MORENO

Escrito con la perspectiva de un periodista que dedicó cinco años de rigurosa investigación acerca de la vida y obra del notable músico Ray Barretto, conocido internacionalmente como Manos Duras, considerado un ícono de la percusión; su autor recrea la trayectoria musical del percusionista newyorican, su comienzo a partir del *jazz* y trayectoria en la Salsa, que le valió más de diez nominaciones al premio Grammy.

Con admirable fluidez y amenidad, Robert Téllez va intercalando abundantes y sustanciosos fragmentos de entrevistas realizadas en distintas épocas con músicos y cantantes que trabajaron con Ray, así mismo con el testimonio de su viuda nos entrega la otra dimensión humana y la Fuerza de un Gigante con la que superó las adversidades que enfrentó en diferentes momentos de su carrera.

Robert Téllez Moreno, Bogotá, Colombia, 1973. Graduado en Locución y Producción de Medios Audiovisuales. Se ha desempeñado como programador de distintas estaciones radiales musicales de su país desde 1998. Fundador y director general de la revista *Sinfonía*; investigador musical incansable, que lo ha llevado a visitar varios países como: Estados Unidos, Cuba, Puerto Rico, Perú, Panamá y Venezuela. Como investigador de la música afroantillana ha participado en numerosos eventos internacionales. Sus conceptos han quedado registrados en las notas de producciones discográficas como *Para Gozar Y Bailar* publicado por Santiago All Stars; y *¿Dónde Están?* de Guasábara Combo.

Desde 2012 forma parte del equipo musical de la Radio Nacional de Colombia. Allí dirige y conduce el programa *Conversando La Salsa* y participa en el equipo del programa *Son de la Música*.

UNOS&OTROS
EDICIONES

FRANKIE RUIZ
VOLVER A NACER

ROBERT TÉLLEZ
FÉLIX FOJO

FRANKIE RUIZ

Han pasado veinte años de la muy temprana desaparición física de Frankie Ruiz, un hombre que con un genuino estilo, carisma, voz cálida y dulce, nos dejó un gran legado musical. La figura de Frankie surgió en un momento trascendental para la industria, justamente en uno de los periodos de mayor dificultad para la promoción de la música salsa. Su influencia marcó una pauta que aún perdura en muchas generaciones de artistas.

Solo contaba 40 años al morir, pero su vida y obra merecen ser contadas. Sin duda, Frankie fue el primer cantante líder del movimiento de salsa romántica y el inspirador para otras figuras que luego alcanzaron el éxito. Su particular estilo cargado de *swing* y su personalidad arrolladora, lo convirtieron en ese ícono que representa una salsa con letras que enamoran, acopladas espléndidamente mediante arreglos musicales cadenciosos y muy bailables, una fórmula ganadora que hoy sigue dando resultados.

Los autores de este libro, Robert Téllez (colombiano) y Félix Fojo, (cubano) rememoran de una manera agradable, novelada, la vida y trayectoria musical de este ídolo del pueblo que fue Frankie Ruiz.

Es también un homenaje al Puerto Rico querido de Frankie, la bella Isla del Encanto, a sus paisajes, música y su gente. Al Papá de la salsa, su carrera, su público, *fans* en muchas partes del mundo, a los músicos, a los compositores, arreglistas y productores, a los manejadores, a su familia, en fin, a todos aquellos que hicieron posible que un talento natural como el de Frankie Ruiz, pudiera alcanzar el lugar en la historia de la música que merecía.

Es para Frankie, como: Volver a nacer.

UNOS&OTROS
EDICIONES

Dulce Sotolongo conoció de forma casual a Leopoldo Ulloa, le propuso entrevistarlo para hacer un libro y surgió una inquebrantable amistad. La autora hace un recorrido por la vida del compositor a través de sus canciones e intérpretes logrando un rico testimonio de la música cubana, entre los artistas que cantaron sus composiciones están: Celia Cruz, José Tejedor, Tirso Guerrero, Celio González, Caíto, Lino Borges, Wilfredo Mendi, Moraima Secada, Roberto Sánchez, Clara y Mario, Los Papines, Pío Leyva. *En el balcón aquel* es un libro que te atrapa desde la primera línea, no permitirá que dejes de leer hasta su final.

∿∾

Para los amantes de la música cubana de todos los tiempos, esta será una edición muy especial porque rinde honor a quien honor merece, a un grande del bolero: Leopoldo Ulloa.

Eduardo Rosillo Heredia

Autodidacta, creador absolutamente intuitivo, un día compuso «Como nave sin rumbo». Luego surgió una larga fila moruna: «Destino marcado», «Me equivoqué», «Perdido en la multitud», grabados por Frank Fernández; «Te me alejas», «Es triste decir adiós», «No extraño tu amor», «Adiós me dices ya»; y el representativo «Por unos ojos morunos». Esta producción sitúa a Leopoldo Ulloa, como el más sostenido y consecuente creador de la línea del bolero moruno.

Helio Orovio

UNOS&OTROS EDICIONES

EN EL BALCÓN AQUEL

LEOPOLDO ULLOA, EL BOLERO MÁS LARGO: SU VIDA

DULCE SOTOLONGO

UNOS&OTROS EDICIONES

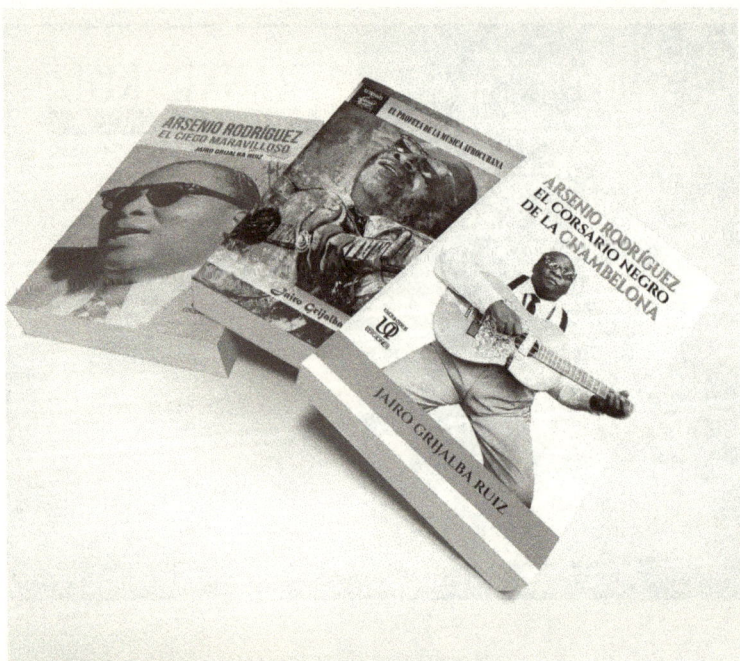

Novela de ficción-histórica acerca de Juan José Díaz de Espada y Fernández de Landa, obispo de La Habana entre los años 1802-1832.

UNA FASCINANTE NOVELA DE TRAICIONES Y LEALTADES, DE BRAVURA Y COBARDÍA

THE BEATLES

Los Beatles, el grupo más admirado de la década del 60 y uno de los mejores de todos los tiempos, iniciaron una revolución cultural que trascendió más allá de la música. Es por eso por lo que ni las generaciones actuales quedan indiferentes a sus letras, ritmos e historia. *El largo y tortuoso camino de los Beatles* es un recorrido por la trayectoria de los *Cuatro Fantásticos*, desde sus inicios hasta la disolución del grupo. Sus seguidores, así como cualquiera que quiera descubrir la magia de los chicos de Liverpool, podrán disfrutar en este libro de entrevistas, reseñas de álbumes y canciones, y estadísticas de sus posiciones en la revista *Billboard* Asimismo, su autor, Joao Pablo Fariñas González, nos invita a seguir la huella de estos músicos tras su separación, recorriendo sus carreras y vidas en solitario, para completar la historia y leyenda de este famoso grupo. Al concluir, el lector solo corre un riesgo: convertirse en un fanático de los Beatles —si es novel—, o disfrutar con pasión de la continuación de la *Beatlemanía*.

EL LARGO Y TORTUOSO CAMINO DE LOS BEATLES

Joao Pablo Fariñas González

FLORES PARA UNA LEYENDA, YARINI EL REY DE SAN ISIDRO

Ochenta años después de la muerte del proxeneta Alberto Yarini, ocurrida por motivos pasionales en 1910, en el barrio de San Isidro, un joven historiador visita la tumba del legendario chulo para cumplir una promesa contraída con un amigo. Un misterioso búcaro que siempre tendrá flores frescas sobre el sepulcro del proxeneta, le estimula a emprender una investigación en la que afloran vivencias de la vida del protagonista Luis Fernández Figueroa y su relación con el mítico personaje.

Miguel Ángel Sabater Reyes (La Habana, 1960), Licenciado en Filología en la Facultad de Artes y Letras de la Universidad de La Habana. Ha publicado *Cuentos Oríchas* (Extramuros), de la Editorial Unos&Otros los títulos, *Crónicas Humorísticas cubanas* (2014), *Los últimos días de Jaime Partagás* (2013), *La Virgen de Regla y Yemayá* (2014).

Su novela es en verdad apasionante , y se estructura de forma singular...
El Nuevo Herald | **Olga Connor**

Escrita por un historiador e investigador sagaz, la novela nos deja una admiración contenida que alimenta la llama de un mito que el tiempo no podrá apagar, a pesar de inútiles y continuas explicaciones.
Eusebio Leal Spengler, Historiador de La Habana.

UNOS&OTROS EDICIONES

FLORES PARA UNA LEYENDA, YARINI EL REY DE SAN ISIDRO

MIGUEL SABATER REYES

MUERTES OSCURAS

FÉLIX FOJO

Félix J. Fojo

La Habana, Cuba, 1946. Es médico, divulgador científico y apasionado de la historia. Exprofesor de la Cátedra de Cirugía de la Universidad de La Habana. Desde hace muchos años reside entre Florida, EE.UU. y Puerto Rico. Es editor de la revista *Galenus*, importante revista para médicos de Puerto Rico.
Ha publicado artículos de opinión y divulgación en diferentes medios periodísticos de EE.UU. y Europa.

Entre sus libros publicados: *Caos, leyes raras y otras historias de la Ciencia* (Ed. Palibrio, 2013); *De médicos, poetas, locos...y los otros* (Ed. Palibrio, 2014); *De Venus a Boxero* (Ed. Unos&OtrosEdiciones, 2017), *No preguntes por ellos* (Unos&OtrosEdiciones, 2017).

La muerte no siempre llega tan plácida y dignamente como nos gustaría. Tanto para las personas comunes y corrientes como para aquellos elegidos que han llevado una vida relevante: guerreros, políticos, dictadores, científicos, artistas, músicos. La muerte es siempre un evento digno de atención. Y cuando la miramos de cerca, a veces encontramos circunstancias extrañas, sospechosas, sin explicaciones claras y definidas, no concordantes o anómalas, en dos palabras, muertes oscuras. Y de esas muertes oscuras está llena la azarosa historia de la medicina que no es más que la historia de la humanidad.
El autor no intenta un estudio puramente paleopatográfico, esa especialidad forense relativamente nueva que investiga in situ, y con tecnología de avanzada, enanismos, momias y tumbas con el fin de diagnosticar, como se haría en un hospital ultramoderno, las más recónditas enfermedades y causas de muerte de los finados que yacen bajo los microscopios y aparatos de resonancia magnética. Sus expectativas son mucho más modestas, pero se alimentan del mismo entusiasmo por ir un poco más lejos en el diagnóstico, la clave médica por excelencia, y así ofrecer una nueva visión de ciertos eventos terminales, por ahondar e investigar más allá de la muerte, por encontrar un detalle o una posible explicación que se ha pasado por alto anteriormente o que pueda tentar a un investigador en ciernes a una pesquisa histórica más detallada.

UNOS&OTROS EDICIONES

MUERTES OSCURAS

FÉLIX FOJO

UNA MIRADA CURIOSA A LA HISTORIA CLÍNICA DE FAMOSOS

UNOS&OTROS EDICIONES

www.unosotrosculturalproject

infoeditorialunosotros@gmail.com

UNOS & OTROS

EDICIONES

UnosOtrosEdiciones

Siguenos en Facebook, Twitter e Instagram:
UnosOtrosCulturalProject

www.ingramcontent.com/pod-product-compliance
Lightning Source LLC
Chambersburg PA
CBHW021050090426
42738CB00006B/278